Abdoulaye Magassouba

LES MINES GUINÉENNES

Réalités, défis et perspectives

LES MINES GUINÉENNES

Réalités, défis et perspectives

L'Harmattan

5-7, rue de l'École-Polytechnique, 75005 Paris

http://www.editions-harmattan.fr

ISBN : 978-2-343-24690-1
EAN : 9782343246901

Sommaire

Remerciements

Je dédie ce livre à mon défunt père, Mamady, qui a tout fait pour me donner le meilleur héritage qui soit : l'éducation et la formation. Que son âme repose en paix !

Je dis aussi un grand merci à tous ceux sans lesquels ce livre n'aurait vu le jour :

À ma femme, à mes enfants, et à mes parents, dont j'ai bénéficié du soutien et de l'affection à toute épreuve.

À mes amis qui ont toujours été à mes côtés dans les moments les plus difficiles, à ceux d'entre eux qui m'ont soutenu dans la rédaction de ce livre.

À mes collaborateurs du ministère des Mines, dont certains ont contribué, d'une manière ou d'une autre, à la rédaction de certaines parties de ce livre, et qui sont les principaux acteurs de toute la substance de cet ouvrage. Sans leur travail, il n'y aurait pas eu matière à écrire ce livre.

Aux anciens Premiers ministres, Mamady Youla et Ibrahima Kassory Fofana, ainsi qu'à mes collègues avec lesquels j'ai constamment travaillé pour la mise en œuvre des actions couvertes par ce livre.

Enfin et surtout, au Chef de l'État sous le mandat duquel j'ai servi, le Pr Alpha Condé, sans lequel l'objet de ce livre n'aurait été, au mieux, qu'un rêve.

Remerciements

Introduction

J'apprends, dans l'après-midi de ce vendredi 13 mars 2020, que le Chef de l'État doit décréter l'état d'urgence sanitaire pour cause d'épidémie de Covid-19, dans la soirée. Je me surprends à prier que cette nouvelle nous épargne les affres de l'épidémie d'Ebola. Les années 2014 et 2015 ont été horribles pour le pays en termes de pertes en vies humaines et de pertes économiques. Très vite, je commence à passer des appels à des dirigeants de sociétés minières pour évaluer la situation. Je suis d'abord surpris, puis soulagé par leur sérénité. Dans un premier temps, j'attribue cela aux perspectives positives de la maitrise de la pandémie par la Chine, principale destination de la production et source de financement du secteur minier guinéen. Ensuite, je réalise que la sérénité, et surtout la combativité des acteurs miniers guinéens, n'est pas le fruit du hasard. L'année 2020 est largement différente de 2014. Dorénavant, il ne s'agit pas, pour la majorité des acteurs, de décider ou non d'investir. Il s'agit de tout faire pour ne pas arrêter les opérations dont le lancement a nécessité, pour plusieurs d'entre eux, des centaines de millions de dollars d'investissements. La nouvelle dynamique dans le secteur, depuis plusieurs années, a changé la donne. Il n'est plus question de déployer tous les efforts pour convaincre les miniers de rester. Il faut plus se concentrer à les soutenir et les accompagner dans cette période difficile. Nous prenons donc très rapidement les mesures qui permettent de limiter les risques sanitaire, commercial et financier auxquels les activités minières sont exposées ; et mieux, nous nous organisons en interne pour être plus efficaces sur l'essentiel tout en préparant la sortie de crise. Il est vrai que nous avons connu notre lot de crises pour ne pas paniquer face à celle-ci, même si elle est, de par sa répercussion mondiale, d'une autre nature, d'une autre dimension.

Pour un pays doté d'un potentiel sans égal, mais aussi pauvre que la Guinée, malgré des progrès réalisés grâce à des réformes profondes engagées à partir de 2011, le défi était énorme lors de ma prise de fonction en tant que ministre des Mines. Surtout quand on connait la fameuse théorie de la malédiction des ressources naturelles. Cependant, ma posture optimiste a toujours été que, dans notre cas, ce n'est en fait pas une malédiction des ressources, mais un simple paradoxe qui devait être corrigé. La Guinée est un pays riche en ressources naturelles, avec un énorme potentiel dans l'agriculture, l'hydroélectricité et bien sûr, pour l'exploitation minière. Nous abritons le plus grand gisement de minerai de fer de haute qualité inexploité au monde. Pourtant, nous n'en avons pratiquement jamais produit une seule tonne. Nous n'avons donc pas assez exploité nos ressources pour être dans une situation de malédiction irréversible.

Durant mes premiers jours en poste, je constate que des réformes importantes et profondes ont été engagées. Au cours des mois qui ont suivi, je me prends à rêver de l'impossible. Au fil des années, je me pince pour m'assurer que j'ai bien participé à une aventure extraordinaire, même si de belles pages de l'Histoire restent encore à écrire. Le paradoxe est en passe de s'estomper, pour laisser la place à une histoire exceptionnelle d'un pays fier qui se dirige vers la plénitude dans la réalisation de son potentiel minier.

Pourtant, comme dans un marathon, les derniers kilomètres seront les plus difficiles. Ces derniers kilomètres qui doivent être gérés bien mieux que les premiers pour éviter de perdre tous les efforts déjà consentis. Surtout que les attentes sont énormes, voire démesurées, alors que l'impact est graduel. Les incompréhensions sont à la hauteur des attentes. Les confusions aussi.

Me sentant la responsabilité de partager mes observations, espoirs et craintes, analyses et expériences, je me suis donc décidé à écrire.

Écrire pour témoigner de ce qui a été fait pour obtenir des progrès dans un secteur longtemps en état de léthargie, des difficultés rencontrées, des leçons à tirer de mon expérience à la tête du ministère et des perspectives. Pour aussi rappeler que le chemin reste encore long, qu'une union presque sacrée, non partisane, est nécessaire autour des mines, pour aller au bout du chemin, pour nous-mêmes, mais aussi et surtout pour les générations futures.

J'ai aussi décidé d'écrire pour éviter que certains, par manque d'information exacte sur ce secteur si complexe, disent un jour qu'ils n'ont pas joué leur partition parce qu'ils « ne savaient pas », pour que chacun prenne ses responsabilités à un tournant important du développement du secteur minier guinéen.

Les professionnels et les étudiants aspirant à exercer dans le domaine public ou privé, ont droit à notre version des faits, aux explications et analyses de ce qu'est précisément le développement minier dans le contexte guinéen, dans le cadre d'une nouvelle politique minière. Cet ouvrage leur est aussi destiné. Il en est de même pour le citoyen lambda qui doit être informé avec une certaine pédagogie pour qu'il comprenne mieux le secteur et y joue son rôle, qu'il discerne le vrai du faux, qu'il fasse la part entre les élucubrations simplificatrices et les réalités complexes d'un secteur qui étend ses tentacules dans l'ensemble de l'économie et qui implique au quotidien plus de dix ministères et agences. Les investisseurs aussi doivent disposer des informations et analyses des acteurs sur les réformes engagées dans le secteur, sur la vision qui a sous-tendu ces réformes et sur les conditions de mise en œuvre des actions destinées à améliorer le cadre d'investissement.

Ce livre a donc un objectif pédagogique et de mise au point pour que chacun se fasse une opinion sur le développement du secteur minier en toute connaissance de cause. Aussi, sans prétendre exprimer des positions de l'État guinéen, il sert à honorer le devoir de redevabilité par la transparence instaurée dans la gestion du secteur.

Dans ce livre, vous trouverez des explications sur la réalité de la mise en œuvre d'un agenda de réformes dans le secteur, quelques faits majeurs et anecdotes présentés avec les précautions nécessaires, mais aussi et surtout les leçons et analyses d'une expérience. Vous aurez peut-être un avis différent du mien. Mais vous aurez un avis motivé et expliqué de ma part.

Je me suis efforcé d'expliquer parfois ce qui peut sembler simple pour les connaisseurs du secteur parce que cet ouvrage est destiné à un large public. J'implore d'avance l'indulgence des initiés. Aussi, les faits rapportés et les analyses faites dans cet ouvrage sont antérieurs à 2021, et couvrent essentiellement la période 2016-2020. Ils ne prennent donc pas forcément en compte les développements subséquents en dehors de quelques analyses prospectives à prendre avec les précautions d'usage. Les données chiffrées mentionnées dans ce livre proviennent des statistiques officielles publiées ou celles produites à la demande par les services du ministère des Mines, sauf indication contraire.

Avant d'entrer dans le vif du sujet, je tiens à partager ce qui a représenté pour moi, en plus de la nouvelle politique minière formalisée dans le Code minier de 2011, la boussole de nos actions, la feuille de route des cinq premières années que j'ai passées à la tête du ministère des Mines : mon discours de prise de fonction, qui donne les principes de gouvernance et mes intentions pour la fonction de ministre des Mines que je m'apprêtais à occuper.

Conakry, le 7 janvier 2016

Je suis aujourd'hui animé d'un profond sentiment d'humilité face à la lourde responsabilité que le Président de la République, le Pr Alpha Condé, et le Premier ministre, Chef du gouvernement, M. Mamady Youla, m'ont fait l'honneur de me confier. Je tiens à les remercier et à les assurer de mon engagement ferme à honorer cette confiance par chaque acte que je vais poser dans ce ministère pour le développement effectif de notre secteur minier, afin que ce dernier puisse pleinement jouer son rôle de levier de développement de notre pays.

Mesdames et Messieurs,

Le chemin que nous allons parcourir ensemble, avec toutes les parties prenantes de ce secteur, au bénéfice de tous, ne sera pas facile, mais l'intérêt commun qui guidera nos actions nous galvanisera certainement vers l'atteinte de l'objectif d'un développement accéléré de ce secteur. Chacun devra y trouver son compte. Les investisseurs doivent être traités avec le plus grand égard pour que les espoirs se transforment en projets créateurs d'emplois viables pour nos populations et de richesse pour les partenaires et pour la nation tout entière. Cela n'est possible que dans un environnement protecteur des investissements et dans un cadre de partenariats mutuellement bénéfiques. L'attraction des investissements dans le secteur est la clé vers cette prospérité.

Chers travailleurs du secteur des mines,

Pour attirer les investissements dans un cadre mondial de compétitivité entre les pays, nous avons besoin que les acteurs publics du secteur délivrent un service de qualité exclusivement motivé par l'intérêt commun.

Pour tirer pleinement parti des possibilités actuelles et futures, il est nécessaire de mettre en place des politiques gouvernementales robustes et coordonnées qui permettront l'essor du secteur qui est le point d'ancrage devant faciliter la diversification économique de notre pays. L'accent sera mis sur la bonne gouvernance, la transparence et la performance.

La responsabilité de chacun est engagée dans la réussite de la réforme du secteur.

Pour notre part, nous avons pour responsabilité première de créer les conditions de travail nécessaires à la délivrance de ce service public exemplaire. Nous avons aussi la responsabilité d'un traitement juste et équitable des travailleurs de ce département.

Chacun devra être jugé par ses actes, par ses résultats.

L'efficacité de votre action sera appréciée à travers l'amélioration substantielle de la contribution de ce secteur à la transformation de l'économie guinéenne conformément à la vision du Président de la République. La qualité de cette contribution, dont tous les Guinéens bénéficieront, y compris chacun d'entre nous, sera principalement fonction de la rigueur, la créativité, le patriotisme que vous mettrez dans chacun de vos actes. Je compte sur vous pour que chacun soit un exemple qui inspirera au-delà du secteur des mines. J'investirai toutes mes forces, toute ma détermination, pour arriver à ce résultat avec vous.

Honorables invités,

Beaucoup a été fait par mon prédécesseur, le ministre d'État, Dr Kerfalla Yansané, qui n'a pas compté son temps et son énergie pour continuellement poser les bases d'un développement du secteur. Nous le remercions pour le travail abattu. J'ai eu le privilège d'assister du premier rang à cette entreprise. Nous devons maintenant nous consacrer à parachever les réformes engagées et à accélérer le développement du secteur.

Pour réussir les chantiers de la réforme, nous avons besoin d'entreprises minières responsables dans la réalisation diligente de leurs projets, dans le respect des règles en vigueur, avec un comportement d'acteurs de développement, en plus de leur objectif légitime de satisfaction de leurs actionnaires. Nous avons besoin de véritables entreprises citoyennes, mesurant la responsabilité partagée qu'elles portent dans la réussite du développement de notre secteur minier et au-delà, de notre économie.

Nous nous assurerons, pour notre part, que l'État prendra pleinement ses responsabilités pour garantir que toutes les parties prenantes honorent leurs engagements respectifs et, plus largement, pour poursuivre les efforts d'amélioration du climat d'investissement en Guinée.

Honorables invités,

Le secteur minier, plus que tout autre secteur, est exposé aux aléas de l'environnement économique et financier mondial, que l'administration minière ne peut ignorer. En étant à l'écoute les uns des autres, chacun doit inévitablement comprendre les défis engendrés par les vicissitudes des marchés internationaux.

Pour la Guinée, la seule façon d'éviter de continuellement subir les chocs de ces marchés est de les anticiper, de créer plus de résilience et d'y renforcer notre présence. C'est pourquoi, au-delà de l'accélération des projets en cours, notre objectif sera aussi de diversifier les ressources minières exploitées, de faciliter la création et le développement de nouveaux projets. Nous devons saisir les opportunités à temps pour ne pas demeurer éternellement observateurs de marchés dont notre potentiel unique, en Afrique et dans le monde, nous prédestine à devenir un leader clé. Nous devons donc devenir maîtres de notre destin pour garantir un impact effectif du secteur sur le développement de notre pays.

Au-delà des revenus pour l'État et les communautés, le véritable impact du secteur minier réside inévitablement dans la création d'une expertise locale au niveau de la main-d'œuvre et des PME guinéennes avec pour objectif, non seulement la création d'effets multiplicateurs sur les autres secteurs, mais aussi l'établissement de la Guinée comme pays exportateur d'expertise en Afrique et ailleurs. Une main-d'œuvre locale qualifiée, et la compétitivité des autres facteurs de production permettront aussi d'attirer plus d'investissement dans le pays. Tout en ayant à l'esprit les contraintes légitimes d'approvisionnement et de calendrier, j'encouragerai vivement toutes les entreprises du secteur à un comportement volontariste dans la promotion des capacités locales qui sont moins onéreuses.

Ces capacités locales et le développement du secteur de l'énergie seront aussi la base viable pour la transformation locale de nos matières premières. Nous devons, avec les partenaires privés, dans notre intérêt commun, continuer à travailler pour aller vers cette transformation locale de nos minerais.

Chers partenaires,

Chers membres des organisations professionnelles et de la société civile,

Chers collègues et collaborateurs,

Nous devons tous travailler ensemble pour arriver à une vision partagée et assumée du rôle de ce secteur dans le développement de la Guinée afin d'en tirer les meilleurs bénéfices pour toutes les parties prenantes. C'est cela, la mission que le Président de la République m'a assignée. Tout se fera pour assurer une meilleure harmonie, un meilleur dialogue, un meilleur équilibre des relations, dans les partenariats entre toutes les parties prenantes. Parce que la santé de nos partenariats est la clé du succès. La stabilité et la viabilité de nos relations reposent sur un véritable équilibre des intérêts, car un partenariat qui n'est pas équilibré est, par essence, instable à terme.

Travaillons donc ensemble parce que nous ne pouvons réussir qu'ensemble.

En travaillant de concert, dans une confiance mutuelle, nous pouvons engager de façon irréversible la Guinée sur la voie de la transformation de cette promesse que notre secteur minier a toujours été, en une réalité faite d'emplois et de prospérité pour le peuple guinéen et pour les partenaires.

Il est bien d'être reconnu pour son potentiel, mais il est encore mieux de l'être pour sa prospérité.

Vive la Guinée.

Je vous remercie.

1

Au cœur des dossiers prioritaires

Me voici à la croisée des chemins. Après de longues années de travail dans le secteur privé ; après plusieurs mois de préparation et de concertation sur mon rôle envisagé à la présidence de la République, je trépigne d'impatience. Une impatience injustifiée puisque je suis déjà mis au travail. J'ai participé à ma première réunion officielle au ministère des Mines au tout début de ce mois de février 2013. Une réunion sur le projet de minerai de fer du Simandou. Comme un présage. Un brin impertinent, j'y ai émis mes craintes vis-à-vis de ces conseillers légaux qui semblent diriger les débats plutôt que de conseiller le gouvernement. Je m'inquiète déjà de l'inefficacité et du péril d'une telle approche dans la nouvelle politique minière. J'essaie de prendre à bras-le-corps ce rôle d'une forme de facilitateur pour l'efficacité qui m'est assigné sur des dossiers prioritaires.

Depuis son élection en 2010, le Chef de l'État a fait appel à des compétences de divers horizons pour rendre sa gouvernance aussi efficace que possible et réduire au mieux la bureaucratie de l'administration. Il avait, entre autres, fait appel à l'Africa Governance Initiative (AGI), l'Initiative de Tony Blair pour la gouvernance en Afrique.

Après son passage au poste de Premier ministre britannique (1997-2007), M. Blair a créé cette organisation pour fournir un appui aux États dans le cadre de l'amélioration de la gouvernance. En Guinée, l'appui de cette entité dans l'organisation de l'administration de la présidence et le suivi des projets prioritaires semblait utile. Cependant, le Président de la République voulait aller plus loin en s'inspirant de l'un des principaux succès de la gouvernance de M. Blair lors de son passage au poste de Premier ministre : le Delivery Unit. Cette agence était chargée, sur la base de priorités et d'indicateurs précis, de s'assurer que les objectifs du Premier ministre étaient effectivement atteints dans les domaines prioritaires. Le Président était, à juste titre, inspiré par ce modèle, qui a été adopté sous différentes formes par plusieurs autres pays.

J'apportais déjà mon appui à titre gracieux à certaines administrations, dont le cabinet de la présidence, depuis quelques mois, quand il m'a été proposé de réfléchir à la conception et la mise en place d'une version adaptée de cette agence au sein de la présidence. Cette mission m'a été confiée après plusieurs opportunités d'entrée dans l'administration qui ne s'étaient pas matérialisées pour diverses raisons. J'avais déjà décliné certaines offres qui m'ont été faites au sein des ministères parce qu'elles ne me semblaient pas suffisamment intéressantes pour avoir l'impact souhaité. Ces offres résultaient de démarches volontairement menées par l'ancien Premier ministre, François Lonseny FALL, qui m'avait pris sous ses ailes dès 2009 en me désignant secrétaire en charge des affaires économiques de son tout nouveau parti, le Front Uni pour la Démocratie et le Changement (FUDEC). Après avoir fondu son parti dans le parti présidentiel, le RPG Arc-en-ciel, il poursuivit ses efforts de placement de jeunes cadres, dont je faisais partie, en qui il voyait un potentiel de forte contribution à l'action publique. Ses efforts, dont je ne peux qu'être reconnaissant, et ceux de conseillers du Chef de l'État, ont finalement permis à ce dernier de me découvrir et de me faire confier la mise en place de ce « Delivery Unit ».

À partir du mois d'août 2012, j'ai consacré une bonne partie de mon temps à cette mission de mise en place de ce qui deviendra plus tard le Bureau Suivi et d'Appui de la Présidence (BSAP). J'avais une opportunité unique d'appuyer sur les projets prioritaires du pays. On ne peut avoir meilleure entrée en matière pour contribuer à faire avancer l'agenda de développement national. J'ai d'abord rédigé et soumis la stratégie adaptée au contexte guinéen, ainsi qu'une proposition sur l'organisation et le fonctionnement appropriés pour le BSAP, après toutes mes consultations et lectures sur le sujet, y compris de la référence en la matière de Michael Barber (« *Instruction to Deliver* »). Le processus de préparation, que j'espérais court, a pourtant duré plus de six mois.

Le Bureau de Suivi et d'Appui de la Présidence (BSAP) est finalement créé le 8 février 2013. Ma nomination suivit, quelques semaines plus tard, le 5 mars 2013. Une nouvelle phase s'ouvrait dans ma carrière, avec ses incertitudes et ses espoirs, ses craintes et ses rêves. La transition que j'avais engagée en 2006 vers le secteur public arrivait à son terme. Six ans de méticuleuse préparation ont permis d'arriver à ce nouveau point de départ. J'étais préparé aux sacrifices que l'administration exigeait d'un intrus du secteur privé, avec ses préjugés d'arrogance et de suffisance vis-à-vis de l'administration. Cette longue préparation m'a permis d'accepter sans broncher le petit vestibule dans un bâtiment satellite de la Présidence de la République, couramment appelée « petit palais », qui m'a servi de bureau pendant de longues semaines avant qu'il me soit affecté un bureau plus décent au 4e étage de ce même bâtiment. Un coffre-fort de ma taille, vestige d'un autre temps, dominait cet espace exigu et sans fenêtre. Une fois installé, il a fallu six mois pour que je perçoive ma première rémunération mensuelle de l'État, et quelques autres pour enfin disposer de mon véhicule de service. Malgré cette situation, qui m'a fait dépenser une bonne partie de mes économies pendant ma première année, je ne m'ennuyais guère. Surtout, je m'épanouissais avec un plaisir indescriptible à travailler sur des secteurs aussi importants pour le pays que ceux des mines, de l'énergie et de l'agriculture.

Ma première réunion officielle, qui s'est tenue au ministère des Mines, était en effet un présage. J'allais passer de longues journées, pendant de longs mois, sur le dossier de Simandou, durant mes trois années à ce poste. Dans l'esprit de la conception du BSAP, une structure d'appui et non d'exécution, j'ai plaidé pour ne pas être autour des tables de négociation, ne pas être dans l'exécution, mais plutôt d'appuyer les équipes qui intervenaient. Nos besoins en capacités opérationnelles et mon implication personnelle ont très vite rendu évidente la nécessité d'une participation au-delà de mes attentes. J'ai été choisi, avec le conseiller Idrissa Thiam, pour rejoindre le groupe de travail mis en place à l'issue de la rencontre du Chef de l'État avec la direction de Rio Tinto en marge du forum d'Abu Dhabi, en novembre 2013. M. Thiam, un esprit brillant comme on en rencontre peu dans une vie, m'a pris en confiance et accordé tout l'espace dont j'avais besoin pour m'exprimer sur le plan professionnel. Ce fut aussi l'occasion de faire connaissance avec Dr Alkaly Yamoussa Bangoura, le conseiller du Président en charge des questions minières qui, au lieu de voir ma présence sur ce dossier minier de haute importance comme une menace sur son espace, s'est ouvert à moi avec plein de générosité et m'a initié aux questions minières complexes. Avec d'autres cadres des ministères des Mines, des Finances et du Budget, nous avons formé pendant près de deux ans une équipe avec laquelle j'ai beaucoup appris. Ma collaboration avec ces cadres compétents au sein du Groupe de Travail du Simandou Sud a renforcé ma conviction de l'existence de ressources insoupçonnées au sein de l'administration publique. Cette conviction qui était née à l'occasion de mes interactions avec le ministère de la Santé au milieu des années 2000. La bonne qualité intrinsèque de ces hauts fonctionnaires, qui ont effectué leurs études universitaires de base en Guinée, révélait à mes yeux celle de l'enseignement sous le premier régime.

En plus de l'apprentissage technique du secteur des mines au sein du Groupe de Travail, cette expérience m'a apporté, au fil des mois, une meilleure connaissance des rouages de l'administration. Les missions de négociation, qui devenaient de plus en plus fréquentes, étaient l'occasion pour moi de passer de longues heures à discuter avec les membres de l'équipe et d'apprendre d'eux. Les avocats et autres conseillers m'apportaient aussi une perspective plus en phase avec les réalités et complexités du secteur minier mondial, au-delà de celle, nationaliste, que nous avions tendance à avoir. Au terme de ces négociations, j'avais franchi un cap ; j'avais grandi de plusieurs années en une.

À côté des mines, le secteur de l'énergie a été, dès le départ, un focus dans mes occupations. En juillet 2013, j'ai été désigné comme rapporteur du comité interministériel permanent de suivi et de pilotage du secteur de l'énergie mis en place pour examiner la situation du secteur et proposer des mesures d'amélioration de la desserte en électricité qui était loin du niveau souhaité, malgré les sommes colossales que l'État y consacrait.

Dans cette commission, qui était composée de plusieurs ministres, sous la présidence du ministre de l'Économie et des Finances, Kerfalla Yansané, j'ai compris la profondeur des difficultés de ce secteur. Entre les problèmes de pertes et de gestion de la compagnie nationale, Électricité De Guinée (EDG), et le manque d'investissement dans le secteur pendant plus d'une décennie, le défi était énorme. Malgré les efforts du nouveau directeur général, M. Nava Touré, dans un environnement pas toujours favorable, le chantier était titanesque. Même la mise en place du comité de surveillance d'EDG n'a pas véritablement permis de relever ce défi à court terme.

Une première relation de travail avec le ministre de l'Économie et des Finances est née au sein de la commission de suivi de l'énergie. Ancien gouverneur de la Banque Centrale de la République de Guinée (BCRG), pendant de longues années, et futur ministre des Mines, le nom de Kerfalla Yansané est indissociable de l'histoire récente — ou même l'histoire tout court — de notre pays. Son expérience et son flegme légendaire attisaient une curiosité et une admiration chez moi. Nous avons commencé à interagir dès les premières séances de la commission, pendant lesquelles je ne me contentais pas de simplement prendre note, dans mon rôle de rapporteur. Très rapidement, il a commencé à solliciter mon avis sur des sujets parfois sans lien avec le travail de la commission. J'ai immédiatement saisi cette occasion pour m'ouvrir à cette relation qui ne pouvait que me faire grandir par l'absorption de son expérience inestimable. Chaque voyage à l'étranger en sa compagnie était l'occasion pour moi d'apprendre de sa longue et passionnante histoire. Je me souviens qu'à force de l'assaillir de questions, il a parfois fallu le rappel de nos compagnons de voyage pour nous éviter de rater un avion lors d'une escale. Comme toujours, j'avais soif de l'expérience des autres pour construire et nourrir la mienne. J'espère qu'il écrira un jour ses mémoires, comme beaucoup d'autres qui ont cette légitimité et cette responsabilité.

Dans le domaine de l'énergie, un autre dossier majeur était celui de Souapiti, le plus grand barrage du pays sur le fleuve Konkouré. Il m'a été confié de revoir le protocole d'accord initial de ce projet avec les futurs constructeurs, CWE (filiale du groupe Trois gorges de Chine). Avec l'appui des avocats et une négociation longue, mais fondatrice d'une bonne collaboration avec les responsables de CWE, nous avons trouvé un cadre général équilibré qui servira plus tard de base de négociation des accords, malgré quelques péripéties. Ma première rencontre avec les constructeurs en fut une.

Assis dans mon bureau, un samedi matin, je reçois un appel des responsables de CWE que je n'avais jamais rencontrés. J'accepte de les voir sans vraiment savoir ce qu'ils allaient exactement demander. Pour moi, c'était tout de même une opportunité d'améliorer la proposition qui m'avait été soumise pour revue. Je trouve les trois hommes en question joviaux, ouverts et très enthousiastes. Une discussion cordiale et animée s'ensuit, avec des démonstrations des schémas commercial et financier dignes d'un cours sur le montage de projets. À ma grande surprise, mes interlocuteurs étaient d'accord sur presque toute la dizaine de points que je voulais faire renégocier. Cette première étape a mené à la signature du protocole d'accord, le 29 septembre 2015, au lendemain du lancement de l'exploitation du barrage de Kaléta. Souapiti était le projet énergétique majeur pour le deuxième mandat auquel le Chef de l'État serait candidat quelques semaines plus tard. Une commission de négociation a immédiatement été mise en place, avec à sa tête El Hadj Nassirou Diallo, conseiller du Chef de l'État en charge de l'énergie, sous la supervision du pool économique de la présidence dirigé par Ibrahima Kassory Fofana (futur

Premier ministre). J'ai eu une collaboration fructueuse et édifiante avec El Hadj Nassirou Diallo, un homme au fort caractère habilement dissimulé par une certaine discrétion, avec une intégrité, une honnêteté intellectuelle et une sagesse notable. Ces négociations préliminaires ont aussi bénéficié des éclairages et du leadership du ministre d'État Ibrahima Kassory Fofana. Son apport a été critique dans le processus de négociation du projet, qui demandait une familiarité avec les partenariats public-privé que peu d'autres que lui avaient dans l'administration. Ce « grand frère », connu pour son fort mais affable caractère, m'entourait d'affection et me conseillait régulièrement. Il avait été ministre des Finances après avoir longtemps servi à la direction des investissements et à l'agence des grands projets.

Nous avons passé l'essentiel de l'année 2015 dans ce processus de négociation. Deux points majeurs portaient sur le coût du projet et le contenu local. Nous avions la conviction, ou du moins le sentiment que le projet était trop coûteux. Nous avons donc demandé au bureau d'études international recruté à cet effet de nous faire une évaluation comparative. Il a rendu des conclusions très édifiantes. Le barrage de Souapiti coûterait autour de 3 millions de dollars US par mégawatt installé. Souapiti était toutefois deux fois moins cher que Garafiri (près de 6 millions de dollars US au mégawatt installé), un des barrages les plus chers de l'échantillon de référence. Le coût du mégawatt installé à Kaléta restait le plus intéressant, puisque l'aménagement bénéficie d'une chute naturelle et de coûts environnementaux réduits en comparaison avec Souapiti, selon le bureau d'études. Souapiti était, dans une certaine mesure, défavorisé par les conditions naturelles et la taille de la population à déplacer. La conclusion était que le coût de l'aménagement de Souapiti se situait au-dessus de la médiane des projets de l'échantillon. Cependant, de nombreux projets de l'échantillon de référence présentaient un coût supérieur au mégawatt installé, sans oublier l'augmentation de la production annuelle d'énergie de Kaléta grâce au réservoir d'eau de Souapiti. Malgré une certaine assurance que nous tirions de ces conclusions, nous voulions quand même tenter une négociation à la baisse sur le coût du projet. Nous avons donc engagé les discussions sur ce front. En parallèle, depuis quelques mois, la Banque mondiale avait lancé une étude sur le projet, qui devait notamment en déterminer le coût estimatif. Nous étions au cœur de négociations tendues. Visant entre 5 et 10 % de réduction, nous avions programmé une session que nous espérions déterminante quand la présentation des résultats de la Banque mondiale a été annoncée dans un hôtel de la place. Nous (toutes les parties) avons donc, naturellement, décidé de nous rendre à cette présentation avant de poursuivre les négociations. Nous avons été déçus de découvrir, lors de cette rencontre, que le coût évalué par la Banque mondiale dépassait celui proposé par CWE ! Nous étions déçus par le résultat, pas par la qualité du travail, qui pouvait être considéré comme indépendant et rigoureux. L'étude réalisée par des professionnels reconnus n'était commanditée par aucune des parties pour les besoins de la négociation.

La réunion qui s'ensuivit avec CWE fut brève. Nous devions nous rendre à l'évidence : le coût présenté par CWE était acceptable et nous n'avions pas de marge de manœuvre. Nous avons donc concentré nos efforts sur d'autres aspects tout aussi importants, comme la part des achats que la société devait réaliser sur le marché local en Guinée. Les responsables de CWE voulaient des avantages fiscaux. Ils ont commencé à approcher la commission à cet effet. Je n'avais personnellement pas de problème à ce qu'un projet public aussi important pour le développement socioéconomique de la Guinée bénéficie d'avantages fiscaux. Toutefois, en contrepartie, il fallait que la société s'engage à acheter sur le marché local tout ce qu'elle pouvait y trouver à un coût compétitif et aux conditions de qualité attendues. C'est ce que je leur ai répondu quand ils ont partagé avec moi leur intention de formuler une requête d'exonération fiscale. J'ai ensuite défendu cette position au sein de la commission. La principale cible des achats locaux était le ciment, qui devait être utilisé en quantité énorme pour la construction du barrage. Les responsables de la société ont donc pris à bras-le-corps cette question et engagé des négociations avec les producteurs de ciment sur le marché local. Les efforts fournis par certains cimentiers de la place pour accommoder les exigences en termes de quantité, de qualité et de délai, ont permis des investissements nouveaux et la création d'emplois. Ces industries ont fourni plus de 400 000 tonnes de ciment pour la construction de Souapiti. Certaines ont procédé à des extensions et pérennisé leurs exploitations, qui ont bénéficié par la suite de la demande accrue du secteur minier. Ces retombées positives et les autres impacts collatéraux s'ajoutaient donc à celui de la production d'énergie qui était le principal objet des négociations sur le contrat de construction du barrage. Après mon départ de la présidence, j'ai suivi de loin la négociation et la signature de ce contrat, en janvier 2016. Sur cette base, la société CWE a immédiatement engagé les travaux sur fonds propres, sans attendre la négociation et la signature de l'accord de financement (comprenant notamment la structuration du partenariat et les conditions de financement), qui n'a été conclu qu'en septembre 2018. Dès le départ, nous avons exigé et obtenu le recrutement de conseillers juridiques, techniques et financiers de renommée internationale pour appuyer l'État dans ce montage complexe, dans le cadre d'un partenariat public-privé.

En plus des dossiers spécifiques aux secteurs des mines, de l'énergie et de l'agriculture, le Bureau de Suivi et d'Appui de la Présidence (BSAP) était aussi impliqué dans le suivi de l'action gouvernementale. Mes premiers mois à la présidence ont coïncidé avec la mise en place des « réunions sectorielles ». Ces réunions regroupaient les ministres de certains secteurs et leurs collaborateurs. Des regroupements étaient faits par domaine comme le développement rural (agriculture, élevage et pêche), les domaines économiques, les domaines éducatifs, etc. D'un côté, ces ministères présentaient la situation de leur secteur, et parfois la gestion d'une problématique précise. De l'autre, le Chef de l'État, entouré de ses conseillers, dont moi-même, posait des questions et donnait des instructions. La présence des collaborateurs des ministres rendait le format de ce forum inhabituel. De surcroit, dans un cadre de liberté de parole, ce n'était pas surprenant que certains cadres aient profité de la présence de la plus haute autorité du pays pour essayer de se mettre en valeur ou régler des comptes avec leurs ministres. Il pouvait arriver qu'un ambitieux collaborateur d'un ministre aille jusqu'à le contredire avec insistance en pleine séance, ou dans des cas rares, hausser le ton sur ce dernier ! Si cette attitude opportuniste de certains cadres ne me surprenait guère, le « courage » avec lequel certains osaient présenter des informations inexactes au premier magistrat du pays était sidérant.

Pour ma part, ces réunions m'ont permis de me familiariser avec les secteurs socioéconomiques clés du pays. En quelques jours, nous pouvions passer de la campagne agricole de l'année au diagnostic d'EDG, en passant par la passation des marchés publics. Mieux encore, ces réunions étaient l'occasion de mes premières interactions régulières avec le Chef de l'État.

J'ai aussi remarqué que les réactions cassantes du Chef de l'État et ses questions déroutantes intimidaient facilement ses interlocuteurs. En particulier quand ces derniers avaient un intérêt personnel à défendre, au lieu de l'intérêt public, ou lorsque leurs arguments étaient légers, incohérents et non factuels. Aucun faux pas n'était permis. Comme à son habitude, il lisait systématiquement tous les documents. Avec une mémoire d'éléphant, il rappelait souvent à certains interlocuteurs ce qu'ils avaient écrit ou même dit quelques semaines auparavant.

L'observation de ces interactions m'a énormément aidé pendant les années qui ont suivi. Je m'efforçais de toujours avoir une base robuste et objective de défense des positions que je proposais, en m'assurant que seul l'intérêt du pays justifiait ces positions. Je me permets de croire que le Chef de l'État a de plus en plus apprécié nos interactions au cours de ces réunions sectorielles et celles pendant les voyages de promotion des investissements, pour prêter de plus en plus d'attention aux avis que je lui donnais. Le prix était une disponibilité nuit et jour pour répondre aux attentes de ce boulimique du travail qui est capable d'appeler à 23 heures ou à 6 heures du matin pour s'enquérir de l'état d'avancement d'un dossier ou pour simplement poser des questions et vous pousser dans vos derniers retranchements sur un sujet. Les journées avec lui étaient longues et intenses. En Guinée et surtout à l'étranger. Ceux qui ne l'ont pas côtoyé au quotidien sont surpris lorsqu'on leur parle de cette hyperactivité. Son combat d'un demi-siècle laisse entrevoir sa passion, que je qualifierai de viscérale pour le développement de la Guinée. Mais pas forcément cette intensité, cette énergie et cette impatience pour les résultats qui submergent le plus coriace de ses collaborateurs jusqu'à l'épuisement total.

Au fil des mois, tout en travaillant sur les dossiers prioritaires des mines, de l'énergie et de l'agriculture, mon intervention s'est élargie aux relations avec les investisseurs internationaux, à force de participer aux déplacements et aux audiences du Président. Cela m'a permis de mieux cerner la perception et les motivations des investisseurs et autres partenaires qui ont longtemps été marqués par une expérience décevante, et même traumatisante pour certains. Une expérience qui les a éloignés du pays, malgré notre énorme potentiel agricole, minier, touristique, etc. Après 2010, il a fallu plusieurs années d'efforts inlassables, pour voir une évolution positive dans cette perception. Changer la mauvaise réputation est un long chemin parsemé de frustrations pour les acteurs qui ne voient qu'une évolution graduelle là où ils espèrent un bond spectaculaire. Les trois années que j'ai passées à la présidence m'ont permis de comprendre à quel point le chemin était long et difficile vers un environnement des affaires qui donne aux investisseurs sérieux une confiance totale envers la Guinée.

Pour efficacement répondre aux sollicitations de plus en plus fréquentes et appréciées du Président, j'ai été bien encadré et conseillé au sein de la présidence. Le soutien de Naby Youssouf Bangoura, ministre secrétaire général de la présidence, m'a été extrêmement utile pendant ce passage. Kiridi, comme on l'appelle couramment, a occupé de hautes fonctions dans l'administration dans sa trentaine jusqu'à devenir ministre de l'Administration du territoire. Son parcours m'inspirait au point qu'à notre première rencontre, je l'ai retenu dans les escaliers du « petit palais » pendant plusieurs heures passées à l'assaillir de questions sur ses expériences dans l'administration et le secret de sa longévité dans les hautes sphères du service public. Cette rencontre nocturne dans les escaliers était la première de longues séances mensuelles que nous avons eues dans son bureau pendant les années qui ont suivi. Cet accompagnement était d'autant plus apprécié de ma part que l'agence dont j'étais responsable était en fait rattachée au cabinet civil du Président, alors dirigé par Dr Ibrahima Khalil Kaba. Dr Kaba, ce brillant mathématicien et ancien professeur d'université aux États-Unis, marque par sa simplicité, sa rigueur dans le travail et son pragmatisme. J'entretenais avec celui que ses proches appellent « Lilou », des relations familiales, amicales et professionnelles qui se sont poursuivies après sa nomination à la présidence. Par son entremise, j'avais déjà l'opportunité de donner mon avis et proposer des solutions sur des problématiques dont lui-même et d'autres membres du cabinet me saisissaient. Son soutien a été capital dans ce que j'ai pu accomplir à la présidence. Kiridi et Khalil, et d'autres membres du cabinet, ont valablement joué leur rôle de conseillers et d'encadreurs du jeune plein d'espoir et d'énergie que j'étais dans un environnement qui pouvait avoir ses mauvaises surprises destructrices pour une carrière à peine lancée.

2

Une nouvelle équipe pour la relance de l'économie

Je ne comptais pas mes heures. Je prenais plaisir à participer activement à ce chantier herculéen de transformation du destin de mon pays ; passant tous les jours d'un dossier à un autre, d'un secteur à un autre. Je n'espérais pas moins. Pour un cadre du secteur privé, avec l'habitude des délais serrés et des exigences professionnelles strictes, je n'ai pas eu de mal à surmonter le risque d'oisiveté que j'entrevoyais et appréhendais en entrant dans l'administration. Presque au même moment que moi, d'autres jeunes cadres étaient rentrés de l'étranger ou partis du secteur privé local pour se mettre au service du pays au sein de l'administration, dans le cadre de la démarche du Chef de l'État de rajeunir et moderniser notre administration, notamment en faisant appel aux Guinéens de la diaspora. Ces cadres relativement jeunes d'un profil différent du profil type des fonctionnaires en poste faisaient partie de cette vague qu'un diplomate appelait fièrement « la génération Alpha », en référence au Président Alpha Condé. Nous n'étions pas un autre genre de Guinéens, simplement Guinéens, comme tous les autres employés de l'administration, mais avec un parcours diffèrent. « Vous voyez, comme vous, j'ai des jeunes

Guinéens parlant anglais, sortis des mêmes écoles que vous et ayant une expérience internationale », prenait souvent plaisir à dire le Président aux investisseurs étrangers qu'il rencontrait. Il semblait nourrir l'ambition d'injecter du sang neuf au système. Les positions de conseillers, moins risqués pour une première expérience dans l'administration, semblaient constituer une première étape.

Après les élections législatives du 28 septembre 2013, les tractations habituelles pour la formation du gouvernement ont eu lieu. Les spéculations allaient bon train sur le maintien ou non du Premier ministre, Mohamed Saïd Fofana. Le Chef de l'État a décidé de le reconduire et engager la formation du nouveau gouvernement. J'étais loin des tractations et poursuivais mon travail sur les dossiers prioritaires qui m'étaient confiés. C'est donc avec une énorme surprise que je reçus l'appel d'un partenaire chinois, représentant d'une grande société minière, un petit matin du mois d'octobre 2013. Il me félicita pour ma future nomination comme ministre des Mines et de la Géologie. Il est facile d'imaginer sa panique lorsque je lui répondis que je n'étais pas au courant de cette information. Déjà proche des dossiers miniers prioritaires, cela devait peut-être me paraître logique, surtout que la ville bruissait de rumeurs de toutes sortes. Cependant, l'entendre de la bouche de cet étranger habituellement prudent, et loin des rumeurs locales, me surprenait. En route pour mon bureau, je pris soin d'appeler, au pied du « petit palais », une amie botswanaise ayant une expérience de plusieurs décennies dans le secteur minier de son pays et à l'étranger. Je lui fis part de cette rumeur que je prenais inconsciemment au sérieux. Peut-être que j'espérais simplement qu'elle fut vraie. « Ce n'est pas le moment », répondit-elle, estimant que je n'étais « pas prêt pour ce poste ». Mon ego en prit un coup. Ayant reçu comme un coup de massue sur la tête, je m'accordai du temps pour reprendre mes esprits. Je ne m'attendais pas à une réponse aussi brutale et négative. Quoique choqué, j'écoutai attentivement son explication. J'arrivai ensuite à mon bureau et pris une demi-heure pour digérer le choc de l'annonce du Chinois, et de l'avis sans appel de mon amie. Ensuite, je retournai à mes tâches quotidiennes et n'entrepris absolument rien, ni n'en parlai à qui que ce soit. J'appris, quelques années plus tard, sans pouvoir en vérifier la véracité, que le Président s'était ouvert à certains invités sur son intention de me nommer à la tête du ministère des Mines. Heureusement que, si cette intention existait à cette époque, elle ne se transforma pas en décision. Je n'aurais probablement pas tenu six mois à la tête du ministère des Mines si j'avais été nommé dans le gouvernement mis en place après la reconduction du Premier ministre, Mohamed Saïd Fofana. En effet, après le premier cas en décembre 2013, l'épidémie d'Ebola a été officiellement déclarée le 23 mars 2014 pour ne finir que le 29 décembre 2015. Ces deux années ont été extrêmement pénibles pour l'économie guinéenne, en particulier pour le secteur minier. L'histoire, le réseau, l'expérience de Kerfalla Yansané, nommé en janvier 2014 au poste de ministre des Mines et de la Géologie, lui ont certainement permis de tenir pendant deux ans en pleine crise sanitaire et presque sans investissement, là où un jeune ministre inconnu du public n'aurait peut-être pas tenu. Malgré les difficultés liées à l'épidémie, avec plus de rigueur, le ministre Yansané a contribué à faire progresser l'agenda des réformes dans le secteur.

En tout état de cause, je me suis investi pleinement, pendant les deux années qui ont suivi, dans mes activités qui sont devenues de plus en plus concentrées sur le secteur minier, en partie de par mes fonctions, mais aussi à cause de la volonté du ministre des Mines de promouvoir une collaboration plus active et constructive avec les conseillers du Président sur les dossiers de son département.

Plus on s'approchait de l'élection présidentielle, prévue en octobre 2015, plus l'attention se portait essentiellement sur la préparation de cette échéance, pour laquelle l'objectif du régime était la victoire au premier tour qui s'est confirmée au bout de quelques jours après le vote avec 57,85 % des suffrages pour le Président Alpha Condé. S'ensuivirent la traditionnelle prestation de serment et la nomination du Premier ministre, chef du gouvernement, Monsieur Mamady Youla, le 26 décembre 2015, avant la formation du nouveau gouvernement.

Le gouvernement dirigé par Mamady Youla, un technocrate venant du secteur minier après une carrière dans l'administration publique, est formé le 4 janvier 2016. Il comprend 31 ministres et 2 secrétaires généraux. Un bon tiers du gouvernement est constitué de quadragénaires, la plupart dans leur petite quarantaine. Plusieurs d'entre eux ont effectué ou complété leurs études à l'étranger, travaillé dans le secteur privé ou dans les institutions internationales en Guinée ou à l'étranger. Nombre d'entre eux parlent couramment une deuxième langue étrangère (généralement l'anglais). À l'exception de quelques-uns, qui se sont, dès leur adolescence, engagés dans le combat politique, ils sont plutôt des professionnels de différents secteurs socioéconomiques que des politiciens. Ce rafraîchissement n'était certainement pas un hasard. Il semblait être l'aboutissement d'une démarche engagée depuis plusieurs années par le Président. Celle qui a conduit certains de ces jeunes cadres dans son cabinet, dans celui du Premier ministre ou dans les grandes agences de l'État. Celle de rajeunissement du gouvernement, destiné à mieux comprendre et gérer les relations avec le secteur privé local, avec les investisseurs et les partenaires et financiers internationaux. Pour donner de fortes chances de réussite de la principale mission confiée au gouvernement Youla : la relance d'une économie guinéenne profondément éprouvée par l'épidémie d'Ebola.

3

Ministre des Mines : « Avez-vous les épaules assez larges pour le poste » ?

Un après-midi d'octobre 2015, je reçois un appel du Président demandant à me voir immédiatement. M'attendant à une discussion autour d'un dossier dont j'avais la charge, je fus surpris qu'il s'agisse de la revue de la liste des participants à une mission à l'étranger dans un domaine qui ne me concernait pas vraiment. Il était, comme à son habitude sur les missions à l'étranger, préoccupé par le coût de la participation de la Guinée à cette conférence. Je compris plus tard que mon avis sur ce dossier était peut-être un prétexte pour me poser deux ou trois questions suggestives, mais importantes, afin qu'il s'assure que j'étais prêt à assumer de lourdes responsabilités. Je partis du palais présidentiel de Sékhoutouréya avec l'idée qu'il pourrait envisager de me nommer ministre des Mines. Rien n'était moins sûr. Mais je devais désormais tenir compte de cette éventualité. A-t-il fait exprès pour que je m'y prépare, ou bien était-il encore dans un doute légitime et compréhensible pour quelqu'un qui s'apprêtait à nommer un inconnu du public à l'un des postes les plus importants du gouvernement ? Je ne pouvais le savoir. J'ai tout de même décidé de ne pas prendre de risque. J'ai immédiatement commencé à m'y préparer. Je me suis donc consacré à l'élaboration d'une feuille de route pour la prise en charge efficace de mes éventuelles nouvelles responsabilités, passant en revue les orientations stratégiques du secteur, sa situation actuelle, les défis auxquels il faisait face, les principes de travail que je devais adopter pour réussir les réformes, la méthode que je devais imprégner à mon action, les objectifs et actions prioritaires, ainsi que la contribution du secteur aux priorités nationales. Bref, j'ai couché sur le papier tout ce dont j'avais besoin pour réussir ce qui pouvait devenir ma prochaine mission.

Plus les semaines passaient, plus une certaine rumeur se répandait sur ma possible nomination à la tête du ministère des Mines. Heureusement que beaucoup n'y croyaient pas. De mon côté, je ne pipais évidemment mot à personne. Et surtout pas à ceux qui venaient chercher une quelconque confirmation de ce qui n'était qu'une hypothèse à mes propres yeux. Par précaution, et par respect pour le ministre en poste, je mis fin à mes visites, pourtant très régulières, au ministère.

Quelques rares personnes de bonne foi et beaucoup d'opportunistes se posant en faiseurs de roi, alors qu'ils sont juste tombés sur une conversation sur cette rumeur qui enflait, m'informaient sur tous les agissements autour de la formation du gouvernement. D'autres prétendaient avoir des informations… qui n'en étaient pas. D'autres aussi juraient par mille dieux qu'ils pouvaient me faire nommer ministre. J'écoutais simplement tout le monde par courtoisie et par respect. En réalité, tout ce va-et-vient me perturbait dans mes activités courantes auxquelles s'ajoutait désormais mon travail de préparation pour une éventuelle nomination au gouvernement. Je gardais les pieds sur terre et ne laissais rien transpirer. Les semaines qui s'écoulaient furent longues, mais édifiantes.

Le pays était encore officiellement dans l'état d'épidémie Ebola, même si la situation était désormais sous contrôle, avec l'espoir d'une annonce imminente de la fin officielle de cette épidémie. Cette annonce fut faite le 29 décembre 2015. Cinq jours plus tard, le lundi 4 janvier 2016, après un week-end teinté d'impatience et d'appréhension, les 33 membres du gouvernement du Premier ministre Mamady Youla étaient nommés. Assis devant la télévision nationale, j'eus la confirmation de la nouvelle tant attendue : j'étais nommé au poste de ministre des Mines et de la Géologie, à l'âge de 39 ans, un âge qualifié de « jeune », à tort, dans un pays qui a perdu l'habitude de confier de hautes fonctions à des hommes — et plus encore à des femmes — de moins de 40 ans. Si j'étais préparé à cette éventualité, je l'étais moins au profil des membres de ce gouvernement comprenant plusieurs quadragénaires ayant pour la plupart évolué en dehors des cercles politiques. « Des gens qui ont tout à perdre s'ils échouent », comme disait le conseiller en agriculture du Chef de l'État, feu El Hadj Thierno Mamadou Cellou Diallo, connu sous le nom de « vieux Cellou ». Même si je me garde de tout fétichisme sur la promotion de la jeunesse, le mérite étant le critère prioritaire, c'était à l'évidence un certain rafraîchissement dans la gouvernance du pays.

Avant d'avoir le temps de me projeter dans mes nouvelles fonctions, je devais répondre à tous les témoignages de fierté et de soutien de mes proches, d'anciens et de nouveaux amis, et de ceux qui venaient de trouver des liens enfouis pendant des décennies, voire inexistants. Je n'étais pas surpris par cet océan de nouvelles connaissances ; je n'étais pas dupe non plus. La plupart des gens se rapprochaient du ministre, pas d'Abdoulaye Magassouba. Ce torrent d'appels, de messages et de visites passé, j'ai finalement eu le temps de me concentrer sur mon programme des premières semaines. Dans mon esprit, il fallait donner le ton dès les premières heures. Il fallait démarrer sur des chapeaux de roue.

Nous avons commencé les préparatifs de la passation de service qui a eu lieu le jeudi 7 janvier 2016. Comme à l'accoutumée, ma famille, mes amis et collègues étaient de la partie. Au-delà des remerciements d'usage, je tenais à honorer le ministre sortant, Kerfalla Yansané, pour les réformes qu'il a engagées malgré la situation extrêmement difficile, créée par l'épidémie d'Ebola, que le secteur a subie pendant ses deux années à la tête du département. Je tenais à l'honorer pour avoir été au service du pays pendant des décennies et dans des périodes parfois très difficiles pour la Guinée. J'ai tenu à le faire de la façon la plus franche possible. Au milieu de mon discours, j'ai donc demandé une *standing ovation* pour lui. Aucune œuvre n'est parfaite. La sienne ne fait pas exception, comme ce sera mon cas à mon départ de la tête du ministère. Cependant, contrairement à certaines habitudes consistant à jeter systématiquement et sans discernement l'opprobre sur les anciens hauts responsables, à jeter le bébé avec l'eau du bain, j'estime que le sacrifice de ceux qui se mettent au service du pays doit être reconnu, pendant qu'il en est temps.

Pour ce qui me concerne, je me suis acquitté de ce devoir avec plaisir avant d'entrer dans mes fonctions. Et j'ai mis un point d'honneur, pendant tout le temps que j'ai passé dans ces fonctions, à ne jamais m'approprier le crédit du travail assumé par mes prédécesseurs, ni à critiquer leur action. J'ai simplement procédé à un examen objectif de la situation. Sur cette base, j'ai poursuivi tout ce qui était bien fait dans l'intérêt du pays, corrigé ce qui devait l'être, tout en ouvrant les nouveaux chantiers. Même s'il fallait imprimer une nouvelle dynamique à la direction du ministère, même s'il fallait adopter ma propre méthode et mes propres principes, je n'arrivais pas sur un terrain vierge. Du travail avait été accompli. Une fondation sur laquelle je devais bâtir.

Je me suis immédiatement attelé à la finalisation, dorénavant en immersion, du plan de travail sur les six premiers mois. Dans le fonctionnement du ministère, il fallait prendre des dispositions pour améliorer ce qui devait l'être dans le cadre de travail, pendant que j'observais le comportement, en situation de travail, de chacun des collaborateurs.

L'échec n'était pas une option. Face à l'honneur qui m'a été fait de servir, face au doute compréhensible de certains et au mécontentement ou à la frustration des autres, face aux attentes, je devais répondre par des résultats concrets. Et vite. Quand un journaliste, que je ne pouvais soupçonner d'aucune intention négative, me demanda : « Avez-vous les épaules assez larges pour ce poste ? » « Nous jugerons au résultat », répondis-je, pensant que seuls les résultats allaient compter. Quand d'autres faisaient référence à une « nomination par copinage », des collaborateurs répondaient que nous devions revoir notre définition du mérite si quelqu'un qui a eu des résultats exceptionnels aux examens scolaires nationaux et une carrière au moins décente, ne mérite pas d'occuper de hautes fonctions publiques après une solide expérience dans le privé et quelques années à un poste stratégique dans l'administration publique.

Je rejette toute forme de népotisme ou de copinage, toute démarche qui tendrait à favoriser ses amis et parents uniquement à cause des liens personnels. Je la rejette tout autant que le fait que les liens de parenté ou d'amitié puissent être un handicap pour les méritants. Sur le coup, des actions de défense ou de justification pouvaient paraître utiles. Elles auraient été en réalité futiles. La seule bonne réponse, celle qui serait efficace, était de se mettre au travail et d'accélérer le développement du secteur minier pour apporter la démonstration par des résultats, pas par les mots.

4

Les chantiers urgents

La première priorité dans les réformes était d'en achever les principales dans les meilleurs délais. La nécessité de la mise en œuvre des réformes ne peut souffrir d'aucun doute dans un secteur comme celui des mines. Cependant, lorsque le processus de réforme dure longtemps, cela produit l'effet non recherché d'une incertitude permanente sur les conditions définitives d'investissement. L'environnement et les conditions d'investissement devaient être figés au terme des réformes qui ne devaient plus durer. Nous nous sommes attaqués à deux éléments clés du dispositif : la revue des conventions et titres miniers, et la modernisation du cadastre.

La revue des conventions et titres miniers a été engagée en mars 2012, en application d'une promesse électorale du candidat, le Président Alpha Condé, qui faisait l'écho d'une demande populaire vivement exprimée lors des grèves générales de janvier-février 2007. Le dispositif était bâti autour d'un comité technique avec les parties prenantes, y compris la société civile, et d'un comité stratégique constitué des ministres des secteurs concernés. De concert avec le président du comité technique ainsi que ses membres, nous avons tout mis en œuvre pour accélérer le pas et achever le processus de revue le 19 avril 2016.

Outre l'achèvement de cette revue des conventions, celui de la réforme du cadastre était d'une urgence extrême. Malgré les efforts de mon prédécesseur, notamment par la fermeture temporaire du cadastre pour garantir l'intégrité du processus de basculement vers le nouveau système, la réforme n'avait pas pu être achevée. L'appui de la Banque mondiale, en place depuis quelques années, permettait tout de même de disposer des ressources pour y arriver. Le système cadastral — ou devrais-je dire les systèmes cadastraux — en vigueur ne permettait pas encore de connaître avec exactitude le nombre de permis. Dès ma prise de fonction, j'ai demandé au service en charge du cadastre la liste exhaustive et le dénombrement des permis. J'étais scandalisé que des chiffres contradictoires me soient fournis d'une semaine à l'autre. Tantôt, on me parlait de 2 000 permis officiels, tantôt de 1 600. En réalité, la direction en charge du cadastre n'était pas en mesure de fournir un nombre exact, pour la simple et ubuesque raison que plusieurs bases de permis miniers étaient actives ! Les deux principaux clans formés au sein de la direction disposaient chacun de leur base, de leurs « clients » détenant les permis, qu'ils surveillaient comme du lait sur le feu. Il a fallu six mois et le remplacement des deux directeurs pour connaître enfin le nombre exact de permis, qui était en réalité de… 616 ! Très loin des chiffres initiaux. Collecter une donnée aussi triviale que le nombre de permis était une affaire d'État. Avec l'absence de clarté et d'intégrité des bases, il était, non seulement possible d'avoir un chevauchement de permis (nous en avions quelques cas), mais aussi que les coordonnées du site d'un permis renvoient en réalité, comme dans quelques cas que nous avons vus, dans un pays autre que la Guinée. Avec ce constat, il était important que l'équipe du cadastre inclue un spécialiste de systèmes d'information pour prendre en charge la migration vers un nouveau système cadastral unique, préservant l'intégrité des données, pendant que les techniciens miniers s'occupaient de la mise en place d'une nouvelle procédure cadastrale plus précise et plus transparente. Après plusieurs mois d'efforts, la modernisation du cadastre minier s'est achevée en septembre 2016, puis sa mise en ligne sur Internet en mars 2017, environ trois ans après le lancement de la réforme. Une fois le cadastre en ligne, il fallait poursuivre le travail de nettoyage par l'annulation de tous les permis inactifs. Déjà, en 2016, plus de 200 permis avaient été retirés. Les dernières phases de cet assainissement portaient sur des permis pour lesquels il n'y avait ni adresse ni titulaire se présentant aux services pour sauvegarder ses droits. Malgré la recherche persistante de ces détenteurs par un huissier, et l'annonce dans les médias, nous n'avons trouvé aucun des détenteurs. J'ai appris que ces permis étaient, semble-t-il, détenus par des personnes, dont des cadres de l'administration, sous le couvert d'un nom d'emprunt, qui n'osaient évidemment pas se présenter. Cela donnait un sens au fait qu'aucun des détenteurs n'ait déposé de réclamation, malgré le retrait pur et simple des permis. Le mot d'ordre que nous appliquions dorénavant était simple : tout permis inactif doit être retiré. Le traitement des permis est devenu plus transparent et fluide, faisant passer le délai de traitement des demandes de trois mois à deux semaines, sur la base du principe « premier arrivé, premier servi ». La nouvelle procédure, largement publiée, donne la liste des exigences qui, une fois remplies, permettent l'acceptation de la demande, qui est enregistrée et publiée sur le site du cadastre en ligne, notamment pour éviter qu'une autre société formule une demande sur le même site. Cette demande est traitée par l'équipe en charge du cadastre, qui la soumet ensuite à un comité incluant d'autres directions du ministère. Ce n'est qu'après que ce comité a statué que le dossier est soumis à la signature du ministre. La procédure prévoyait désormais une vérification plus stricte des capacités techniques et financières du demandeur et du dossier administratif en amont. Cette vérification ne donne pas la garantie absolue que le projet sera développé dans le strict respect de la règlementation, cette tâche revenant au processus de suivi et de contrôle mis en place. Cependant, elle renforce le filtre à l'entrée, donnant ainsi plus de chances de réalisation du projet. Ce dispositif a permis d'améliorer, au fil des ans, la qualité des détenteurs de permis et, surtout, de créer plus d'emplois et d'investissements dans le secteur. Nous pouvons estimer à plus de 2 000 les nouveaux emplois directs créés sur les permis de recherche au cours des années qui ont suivi cette réforme. Ce qui est comparable au nombre d'emplois créés par une exploitation industrielle d'une certaine envergure.

L'analyse de l'évolution du cadastre minier depuis la fin de l'assainissement initial de la base en septembre 2016 confirme les tendances attendues de la mise en œuvre de la réforme. On constate en effet une baisse du nombre total des titres miniers de 7 %, passant de 616 en septembre 2016 à 570 en novembre 2020 et une baisse du nombre de permis de recherche de 13 %, passant de 539 à 471 entre 2016 et 2020. Cette baisse signifie que l'État a retiré plus de permis sur cette période qu'il n'en a octroyés.

Outre l'application de la nouvelle procédure, cette baisse est aussi attribuable au renforcement du suivi, du contrôle documentaire et de celui sur site des permis. Ces contrôles ont permis de retirer les permis de recherche chaque fois que des violations de la règlementation étaient constatées. En effet, plus de 500 permis de recherche ont été retirés pendant les années que j'ai passées à la tête du ministère. L'impact des contrôles sur l'évolution des permis semble révéler une baisse des comportements spéculatifs. Contrairement aux permis de recherche, le nombre de permis d'exploitation a, quant à lui, augmenté de 15 %, passant de 62 en septembre 2016 à 71 en novembre 2020, révélant que plus de projets arrivent à maturité, passant de la phase d'exploration à la phase de développement. Cela est cohérent avec la croissance des investissements sur cette période faisant suite aux réformes de base (Code minier, cadastre, ITIE, etc.) et aux efforts de promotion. Cette tendance, avec moins de permis faisant l'objet de spéculation, est valable aussi pour les concessions minières qui sont passées de 15 en septembre 2016 à 28 en novembre 2020.

Bien que le chantier de la revue des conventions et celui de la réforme du cadastre aient occupé une bonne partie de mon temps et de celui de l'équipe du ministère pendant les premiers mois, d'autres urgences non moins prioritaires occupaient notre attention. La vision minière était traduite dans les dispositions du Code minier adopté en 2011 et révisé en 2013. Mon passage à la présidence et mes multiples interactions avec le Chef de l'État m'ont permis de mieux comprendre les motivations et objectifs qui sous-tendaient les textes. Je pris donc en main les urgences et priorités du ministère sur la base de la mission de relance économique assignée au gouvernement, sur ma compréhension des réalités et défis du secteur, ainsi que sur mon expérience professionnelle. Un ensemble qui m'a permis d'avoir une boussole et de fixer des repères dans la stratégie, les principes et la méthode d'action. Pour y arriver, il fallait des ressources ; l'équipe du ministère était la première d'entre elles.

5

Une équipe de mission

On ne réussit qu'avec une équipe compétente, efficace et soudée autour d'une vision commune, d'un projet commun. L'appropriation de la démarche du dirigeant et de son mode de gouvernance par son collaborateur est un préalable à tout. J'ai donc programmé ma première réunion de cabinet immédiatement après ma prise de fonction. J'ai expliqué à cette occasion que je comptais travailler avec chacun des collaborateurs sans préjugés, « sans rétroviseur », en les jugeant sur pièce. L'équité dans le traitement de mes collaborateurs, la rigueur et l'efficacité dans le travail, la responsabilité dans la gestion des ressources et le dialogue allaient régir les actions que j'allais entreprendre avec mes collaborateurs. Les règles étaient claires et tous ceux qui les respecteraient allaient être mes collaborateurs les plus appréciés, les autres allaient subir les sanctions appropriées. De façon pédagogique, j'ai expliqué chacune des règles et écouté toutes les observations. Le ton était donné. Chacun savait qu'il n'y aurait pas de chasse aux sorcières. Seuls l'engagement au travail et les résultats comptaient. Au terme de la rencontre, j'ai demandé à chaque direction de me produire une note sur l'état des lieux. Elle devait porter sur les activités, les ressources, les difficultés rencontrées et les propositions pour le bon fonctionnement de la direction, pour l'atteinte des résultats.

Il était fondamental de rassurer les collaborateurs pour que le potentiel de chacun s'exprime sans aucune retenue subjective, sans aucune inhibition. La majorité des hauts cadres du ministère avaient, comme dans d'autres ministères, largement dépassé la cinquantaine. J'ai donc profité de cette première interaction pour partager avec eux le constat factuel que la jeunesse n'est pas éternelle. Elle est un état d'esprit, un comportement. Sur cette base, je n'envisageais de juger les uns et les autres que sur la base de leurs actes, sans engager gratuitement des actions en faveur ou contre telle ou telle génération. En insistant sur le fait que nous sommes tous guinéens, avec les mêmes droits et devoirs, quel que soit notre âge. Mon rôle n'était pas de remplacer aveuglément les pères de certains Guinéens par les fils d'autres Guinéens, ai-je conclu. J'ai toujours pensé que malgré tout ce qui pouvait être reproché à certains hauts cadres d'un certain âge dans l'administration, l'État n'avait pas assez fait pour garantir un plan de carrière et un minimum de sécurité professionnelle et financière donnant le plein droit de circonscrire, sinon bannir, certains agissements qui, tout en étant répréhensibles, n'en étaient pas moins partiellement explicables par des défaillances dans le traitement du fonctionnaire ; lequel représente la cheville ouvrière dans le fonctionnement de l'État. Je n'avais nullement la prétention de changer cette situation endémique, mais je me suis promis d'être juste. Je me suis promis d'avoir de l'empathie et des égards pour les conditions de travail et, dans une certaine mesure, de vie, des fonctionnaires que j'avais la charge de diriger.

Dès les premiers jours, j'ai estimé avoir un tant soit peu commencé à créer une atmosphère de sérénité pour engager la bataille, la seule qui en valait la peine : celle du développement du secteur. Mon intention initiale était de proposer au Chef de l'État des nominations aux postes de direction dans les deux à trois semaines suivant ma nomination. Cela aurait été précipité et aventureux. Après avoir pris l'avis de personnes plus averties, notamment quelques anciens ministres, dont j'appréciais particulièrement l'expérience, je me rendis compte qu'il valait mieux prendre mon temps. Que je surestimais mon niveau de connaissance des cadres du ministère, même si j'avais côtoyé certains d'entre eux pendant que j'intervenais sur les dossiers miniers à mon précédent poste. Et puis, juger par les actes demandait forcément de prendre un peu de temps. Les six mois qui ont suivi ma nomination allaient donc me fournir tous les éléments dont j'avais besoin pour faire des choix avisés et les proposer. J'ai observé à l'œuvre tous mes collaborateurs pendant ces mois. Puis, j'ai choisi quelques personnes n'ayant aucun intérêt dans les nominations pour réfléchir à une meilleure organisation du ministère, revoir l'ensemble des CV des cadres, et formuler des propositions aux différents postes. J'ai mis un point d'honneur à promouvoir tous les cadres du ministère qui fournissaient les efforts sincères et productifs pour faire avancer l'agenda de réformes et de développement de projets pendant les premiers mois qui se sont déroulés à un rythme effréné avec des journées finissant rarement avant vingt-deux heures. Cela résonnait parfaitement avec mon intention d'être juste et équitable, de promouvoir le mérite, dans toute la mesure du possible. Mon intention était de mettre en place une équipe faite d'un mélange de hauts cadres expérimentés, auxquels seraient adjoints des jeunes cadres à fort potentiel pour garantir la relève. Dans la quasi-totalité des directions, un des deux postes de direction devait ainsi être occupé par un cadre relativement jeune. En plus du rafraîchissement en termes de dynamisme, cela permettait de préparer la prochaine génération de directeurs dans une logique de renouvellement dans la continuité, gage d'une pérennisation de la dynamique. Pour enrayer le traumatisme, encore présent, d'une vague de nominations de personnes parachutées de l'extérieur par un de mes lointains prédécesseurs, la grande majorité des cadres nommés étaient actifs au sein du ministère. La promesse de ne pas faire une chasse aux sorcières était donc, elle aussi, tenue, rassurant l'ensemble du personnel sur les nominations basées sur le mérite, le potentiel, l'expérience.

À la suite de la restructuration du ministère, la mise en place de la nouvelle équipe, le 8 juillet 2016, consacra le départ d'une nouvelle dynamique pour laquelle nous nous sommes battus afin de la maintenir pendant les années qui ont suivi. Nous avons immédiatement travaillé à renforcer la confiance avec toutes les parties prenantes, internes et externes, pour permettre au ministère d'exercer pleinement ses attributions dans un cadre transparent, rigoureux et fiable. Dans ce dispositif, un strict respect de l'ordre hiérarchique, contrairement à certaines pratiques, était observé, pour garantir un fonctionnement normal et efficace des directions. Mes seuls interlocuteurs, dans le cadre du travail, étaient le secrétaire général, le chef de cabinet, les conseillers, les directeurs et leurs adjoints. Il était important de m'assurer que les directeurs étaient entièrement responsables du fonctionnement des directions dont ils avaient la charge, et des résultats atteints par ces directions. Tous les collaborateurs qui ont essayé, à l'insu de leur chef hiérarchique, d'entrer en relation directe avec moi, ont vite déchanté. Les collaborateurs avaient évidemment l'occasion d'échanger avec moi si leurs directeurs décidaient de les faire participer à une réunion, ou lors des réunions larges que j'organisais chaque mois. Ces dernières étaient l'occasion de partager les informations sur tous les dossiers du ministère avec l'ensemble des cadres, de répondre à leurs questions et recueillir leurs remarques et suggestions. L'objectif était de s'assurer que les cadres du ministère, citoyens supposés informés, s'appropriaient l'agenda des réformes pour les besoins d'efficacité au travail et disposaient de toutes les informations sur le secteur pour en être les premiers relais d'information.

Pour assurer une efficacité, une transparence et une traçabilité de la gestion des dossiers, tous étaient traités par les services techniques et les conseillers, sans aucune exception. Aucun dossier technique du ministère n'a jamais été traité à mon seul niveau. Cela avait également pour objectif d'assurer un fonctionnement normal de tous les services et une maîtrise des dossiers, des résultats et des difficultés par tous les collaborateurs au sein des services techniques. Aussi, contrairement à la pratique qui veut que les réunions de cabinet ne se tiennent que sous la direction du ministre, cette instance hebdomadaire de partage d'informations et de contribution aux décisions se tenait sous la direction du plus haut responsable présent (notamment le secrétaire général ou le chef de cabinet, en l'absence du ministre). Il était important pour moi que ça ne soit pas « mon ministère », mais plutôt « le ministère des Mines de la République ». Je devais corriger systématiquement tous les courriers qui présentaient ainsi le ministère comme la propriété du chef de département. Ce mode de fonctionnement, que j'estime normal, devait contribuer à renforcer l'institution, assurer une meilleure implication du personnel, et donc pérenniser les acquis que j'aurais permis d'obtenir pendant le temps passé à la tête du ministère.

Je demandais la loyauté absolue à la mission confiée au ministère, au travail bien fait, et non à ma personne. J'appliquais systématiquement la politique de la porte ouverte, en n'exigeant pas que les cadres du ministère demandent une audience, mais chaque entretien devait être consacré aux besoins du service et non à des commérages et autres délations endémiques au sein de l'administration.

Malgré quelques agissements regrettables de quelques-uns au fil des années, et une certaine baisse de la productivité de l'équipe pour des raisons diverses, la majorité des cadres du ministère a œuvré à faire avancer les réformes et les projets.

6

La modernisation, une priorité dans les réformes

Les équipes ne peuvent être efficaces durablement que si elles évoluent dans un cadre de gouvernance appropriée, dotées des ressources et moyens nécessaires pour atteindre les objectifs assignés. De décembre 2014 à décembre 2015, le ministère des Mines a fait l'objet d'un audit institutionnel effectué par le cabinet KPMG, avec l'appui de la Banque mondiale. À ma prise de fonction, j'ai donc commis une équipe à l'examen de ce rapport, avec l'appui du cabinet ayant réalisé l'audit, que nous avons remobilisé à cet effet. Il s'agissait, dans un premier temps, d'en sortir les principales recommandations et de proposer une restructuration du ministère sur cette base.

La nouvelle organisation a été mise en place le 20 avril 2016. Elle consacrait la prise en compte de certains enjeux critiques pour le secteur, dont la nécessité de développement des infrastructures, goulot d'étranglement dans le développement des projets de bauxite et de fer, ainsi que la gestion des relations communautaires et de la promotion du contenu local.

Dès les premiers jours, la modernisation du ministère avait été engagée, notamment pour lui faire pleinement profiter des technologies de l'information et de la communication. Un ministère qui n'avait alors pas de site internet, ni d'accès à la connexion au niveau même du siège ! Cette anomalie a été corrigée dès le premier mois. La réalisation du site internet a donné plus de visibilité et de facilité d'accès à l'information pour tous les acteurs et observateurs du secteur dans le cadre de l'agenda de transparence en cours de mise en œuvre. La mise en place d'une connexion permanente à Internet nous donnait le droit d'exiger que les collaborateurs soient plus réactifs et plus efficaces dans le traitement et le partage de l'information. Avec un appui permanent du service informatique, redynamisé, les collaborateurs, dont certains n'avaient jamais touché à un ordinateur, ont commencé à se familiariser avec l'outil informatique au point que nous avions désormais un délai de réactivité moyen qui ne dépassait pas l'heure.

La modernisation est allée encore plus loin au fil des mois et des années. L'élaboration du schéma directeur informatique a donné un cadre formel à ce processus. En plus de la modernisation du système de gestion du cadastre minier, nous avons dématérialisé le système de suivi des carrières à travers l'application de gestion électronique des carrières qui permettait désormais une meilleure maîtrise des données d'exploitation, y compris à travers une application mobile avec géolocalisation utilisée par tous les agents de terrain sur les smartphones mis à leur disposition.

L'autre difficulté du secteur, en termes de gestion de l'information, concernait la collecte des informations statistiques périodiques auprès des compagnies minières. En plus de la multiplicité des demandes du ministère des Mines et d'autres départements, qui entrainait une charge de travail inutile pour les compagnies, nous étions confrontés à un retard permanent dans la collecte et le traitement des informations, y compris les données de production du secteur, cruciales pour en évaluer les performances. L'Application de Collecte des Informations Minières (ACIM) nous a permis de surmonter ce handicap. Nous disposions désormais d'une plateforme sur laquelle les points focaux des sociétés, formées à cet effet à travers tout le pays, pouvaient renseigner les données trimestrielles sur la production, les revenus, le contenu local, etc. En plus de la réduction de la charge de travail pour les sociétés, nous étions outillés pour produire le désormais très attendu Bulletin (trimestriel) des Statistiques Minières. Nous sommes arrivés à réduire significativement le délai de production du Bulletin tout en en améliorant sa qualité, trimestre après trimestre.

Le dernier chantier dans le processus de dématérialisation a porté sur la Gestion Électronique des Courriers. Cette application a créé les conditions d'une dématérialisation totale du processus administratif, donnant la possibilité d'un télétravail effectif et total, et surtout d'une efficacité dans le traitement des dossiers tout en garantissant une efficacité dans l'archivage et la recherche des dossiers. Le projet d'archivage électronique, en phase finale de mise en œuvre, devrait parachever ce chantier.

Parallèlement à ce processus de modernisation, les différentes directions ont été progressivement dotées de matériels de travail. Le processus de modernisation sera pérennisé à travers le maintien et l'amélioration des systèmes déjà en place de même que la mise en œuvre de toutes les actions à court, moyen et long termes, prévues dans le schéma directeur informatique. Une étape importante sera, à terme, la mise en place d'un système intégré de gestion qui consolidera toutes les applications permettant de couvrir tous les domaines d'actions du ministère.

7

De meilleures capacités, pratiques et conditions de travail

Le renforcement des capacités des cadres a souvent été élargi aux autres administrations intervenant sur les projets miniers (travaux publics, économie et finances, budget, administration du territoire et décentralisation, etc.), pour prendre en compte le caractère intégré et transversal des projets miniers. Il a couvert l'ensemble des sujets d'intérêt pour le secteur minier. En dehors des formations individuelles, pas moins de 3 000 hommes/jour de formation ont été réalisés par le ministère entre 2016 et 2020, soit l'équivalent d'un mois plein de formation pour 100 cadres. Nous avons relancé, en avril 2016, le programme de formation, réalisé avec le soutien de la Banque africaine de développement. Ce programme complet a couvert neuf modules dispensés chacun sur une durée de cinq jours à une cinquantaine de cadres. Les thèmes portaient sur la compréhension, la maîtrise et l'anticipation des projets miniers. Ils couvraient les phases allant de la recherche à l'exploitation, en prenant en compte les enjeux techniques, commerciaux, juridiques et financiers des projets, à chaque phase. Plusieurs autres formations ont été initiées par le ministère, notamment pour le renforcement des capacités de contrôle et de suivi des activités minières. De manière plus flexible, des formations à la demande ont été effectuées dans le cadre d'un mécanisme équitable d'arbitrage par un comité mis en place à cet effet. Pour maintenir le cap pendant la période de la pandémie de Covid-19, nous avons mis en place un programme spécial de formation en *management* et *leadership* pour l'ensemble des hauts cadres du ministère avec l'École Nationale d'Administration Publique du Canada (ENAP). En plus de son utilité à combler les insuffisances managériales des cadres, cette formation entrait dans le cadre de notre stratégie de préparation du ministère à être plus efficace pour la période post-Covid-19, pour compenser les impacts de la pandémie sur le secteur. L'ENAP a d'ailleurs appuyé le ministère à élaborer un programme global de formation du département sur la base du plan de développement du secteur minier pour le court et le moyen termes.

Ces efforts de renforcement des capacités se sont accompagnés d'une amélioration des conditions de travail du personnel du ministère. Au niveau central et déconcentré, nous avons construit ou réhabilité une cinquantaine de bureaux, avec les facilités auxiliaires. C'est dans ce cadre que le programme de construction des directions régionales et préfectorales des mines et de la géologie a été engagé. Les localités de Boké, Kankan, Siguiri et Dinguiraye ont connu l'achèvement de ce projet d'une importance capitale pour un secteur dont les activités sont déployées à l'intérieur du pays et non à Conakry. Dans ce même souci d'amélioration des conditions de travail, l'ensemble des directions centrales et certaines directions déconcentrées ont été dotées en moyens de déplacement pour garantir la mobilité du personnel. La création de meilleures conditions de travail à l'intérieur du pays est critique pour le développement du secteur. Cela crée la proximité avec les activités minières dans le cadre de leur accompagnement ainsi que du suivi et du contrôle de terrain.

Les capacités disponibles ne peuvent être efficaces que dans un cadre dont les normes sont connues de tous et effectivement appliquées. C'est pourquoi nous avons engagé une revue organisationnelle et l'élaboration de manuels de procédures pour l'Agence Nationale d'Aménagement des Infrastructures Minières (ANAIM), le Fonds d'Investissement Minier, et le ministère des Mines et de la Géologie. Ce processus devrait se poursuivre par l'évaluation périodique de la mise en œuvre effective des manuels de procédures au niveau de chacun des établissements et du ministère dont le manuel des opérations a aussi été élaboré.

Le renforcement des capacités du personnel, l'amélioration de ses conditions de travail et la mise en place de systèmes de gestion plus normés et efficaces devaient être complétés par un changement de pratiques afin d'éviter que les réformes ne demeurent que de simples vœux pieux. Cependant, il est de coutume que dans la résistance au changement, certains acteurs se réfugient derrière le confort des habitudes établies. « On fait comme ça depuis toujours », peut-on souvent entendre. L'inconfort créé par le changement et la remise en cause d'intérêts ou autres avantages sont souvent à l'origine d'une résistance, passive ou active. Ayant cela à l'esprit, j'ai adopté une approche aussi pédagogique et transparente que possible, visant à isoler les plus réfractaires — exposant ainsi leur mauvaise foi — tout en restant à l'écoute des suggestions, pour être sûr de la faisabilité et de la pertinence des changements.

Une des pratiques ayant perduré dans le secteur concernait la prise en charge des missions des cadres du ministère par les sociétés minières, y compris dans le cas de missions de contrôle ou d'investigation. Nous avons rendu systématique la prise en charge des missions par le ministère, pour en garantir une meilleure indépendance. À cet effet, des missions périodiques étaient effectuées dans l'ensemble des préfectures pour vérifier le respect des engagements attachés aux permis et autorisations. Nous en réalisions généralement deux par an. Au terme de chacune de ces missions, une vérification était effectuée par l'inspection générale des mines, qui était libre de prendre un échantillon pour confirmer que les résultats de la mission n'étaient pas biaisés ou altérés. Ensuite, nous retirions systématiquement tous les permis faisant l'objet de recommandation de retrait, le cas échéant. Les insuffisances rédhibitoires portaient souvent sur l'absence injustifiée d'activités sur le terrain ou le non-paiement des taxes superficiaires (ces taxes dues aux communautés, dont le non-paiement décrédibilise le secteur à la base). Pendant longtemps, les permis ont plus été utilisés comme de simples instruments de spéculation par des détenteurs qui n'avaient jamais visité leurs sites et n'avaient parfois aucune idée d'où se trouvaient leurs périmètres. Toutefois, le mot d'ordre était clair : tout permis inactif doit être retiré, quel qu'en soit le détenteur. L'application systématique de ce mot d'ordre a permis de créer des centaines, voire des milliers d'emplois sur des permis dont les détenteurs s'activaient à recruter du personnel pour réaliser le travail sur le terrain. Cela a aussi contribué à réduire le nombre d'investisseurs indélicats et spéculateurs dans le secteur pour laisser la place à des investisseurs plus sérieux. De seulement 12 sociétés en phase d'exploration en 2010, le secteur est passé à 43 en 2015, puis à 340 en 2019.

Malgré des centaines de permis retirés au fil des années, l'État n'a jamais été poursuivi par un investisseur. La robustesse du processus de vérification à plusieurs niveaux avant la validation des rapports de mission nous a certainement aidés à rendre le résultat de ce processus difficilement contestable.

En plus des missions périodiques, des missions inopinées ont été souvent organisées avec les services techniques ou l'inspection générale des mines, sur la base d'informations remontées de différentes sources ou même d'articles de presse. Toute information crédible était vérifiée pour s'assurer que les détenteurs de permis indélicats avaient peu de chances d'échapper au contrôle et aux sanctions légales applicables.

D'une manière générale, nous avons renforcé les contrôles à plusieurs niveaux pour exercer une certaine pression sur les détenteurs de permis, les obligeant à respecter leurs obligations. Parmi ces contrôles, il y a eu ceux sur le rapatriement obligatoire des devises issues des exportations d'or artisanal. Lorsque nous avons engagé le contrôle des rapatriements effectués par les comptoirs en avril 2016, nous nous sommes rendu compte que seuls 42 % des revenus des comptoirs d'exportation étaient effectivement rapatriés. Nous avons donc lancé une mise en demeure à une quarantaine de comptoirs en service. Au bout d'une certaine période, et après avoir constaté que plusieurs d'entre eux ne croyaient pas que nous irions jusqu'au bout et avaient engagé un lobbying agressif, nous avons tenu à réaffirmer notre fermeté absolue. Une réunion d'information a été l'occasion de leur faire comprendre que tout comptoir qui ne se mettrait pas en règle perdrait vraiment sa licence. Onze licences ont finalement été retirées au terme du délai supplémentaire accordé à tous les comptoirs. Le niveau de rapatriement des devises issues des exportations est passé de 42 % avant 2016 à plus de 90 % au cours des années qui ont suivi. Cela a permis de soutenir la stabilité du franc guinéen, notamment grâce à des rapatriements significatifs culminant à près d'un milliard de dollars au titre de 2017.

Ces rapatriements, à ne pas confondre avec les revenus encaissés par l'État, sont le chiffre d'affaires des opérateurs privés (les comptoirs) ayant exporté l'or et encaissé ces montants directement sur leurs comptes dans le système bancaire guinéen. Ce sont donc des recettes privées des comptoirs et non des recettes publiques à la disposition de l'État.

Sur un autre front, nous avons engagé le processus de contrôle des quantités et de la qualité des produits exportés. Les activités de contrôle des quantités ont effectivement commencé en juin 2018, avec une série de formations théoriques et pratiques du personnel en Guinée et à l'étranger, avec l'appui de la coopération allemande (GIZ). Au terme de l'année 2019, l'écart entre les quantités déclarées par les sociétés (69,821 millions de tonnes) et celles prélevées par les évaluateurs du ministère (69,826 millions de tonnes) était de moins 0,01 %. Sans remettre en cause un seul instant la nécessité et le caractère dissuasif du contrôle de quantité, ma conviction personnelle a toujours été que l'inexistence du contrôle nourrissait en partie le fantasme que des bateaux entiers étaient sortis incognito, en échappant même à la vigilance des agents des douanes présents dans les ports. Cette possibilité, même si elle n'était pas à exclure, me semblait exagérée pour le minerai en vrac exporté par des bateaux de dizaines de milliers de tonnes. D'autant plus que les données du commerce international permettent en général d'accéder librement aux quantités reçues par les ports de destination. À l'évidence, un bateau de bauxite n'est pas une pépite d'or ou une pierre précieuse que les contrebandiers peuvent glisser dans un sac ou en poche pour passer à travers les mailles du filet de sécurité d'un aéroport. De janvier 2019 à décembre 2020, l'équipe des évaluateurs de quantités a procédé au contrôle des quantités de 1 470 cargaisons.

Contrairement au contrôle de quantité, le contrôle de qualité a pris plus de temps pour être mis en place, du fait de la nécessité de construction ou de réhabilitation d'un laboratoire d'analyses géologiques. Dans le cadre d'un partenariat public/privé, nous avons pu réhabiliter puis équiper le Laboratoire national de géologie, et en former le personnel, en Guinée et en Inde ; un investissement (reconstruction et équipement) inédit depuis plusieurs décennies. Cet investissement, et d'autres en cours, permettent de doter la Guinée des capacités nécessaires pour couvrir également le contrôle de qualité des exportations, afin de s'assurer que les déclarations de teneur correspondent effectivement à la réalité pour des fins de calcul des taxes minières et de suivi de l'exploitation des gisements.

Les changements opérés dans les pratiques, dans les procédures, ont permis d'accélérer l'agenda des réformes. Ils n'ont pas été faciles tant certaines habitudes, vieilles de plusieurs décennies, sont ancrées au sein de l'administration. Si l'on peut aisément comprendre que des fonctionnaires aient des difficultés à accepter les mutations qui s'imposaient, il faut admettre une certaine surprise de ma part quant à la réaction de certaines sociétés ayant pris l'habitude des passe-droits. Les mensonges, intimidations, menaces et autres coups bas ne manquent pas lorsque les intérêts de certaines sont menacés. Je me souviens d'un promoteur de projet ayant floué son partenaire financier, qui m'a adressé une longue lettre d'insultes de tous genres pour réclamer des droits qui revenaient en réalité à son partenaire. Je me suis bien évidemment gardé d'y répondre, conformément à mon principe de refus systématique de toute réaction d'humeur avec les investisseurs. De guerre lasse, il est venu demander une résolution amiable que nous lui avons accordée sans difficulté. Il a poursuivi tranquillement par la suite le développement de son projet dans un cadre apaisé avec son partenaire financier. Il a expliqué plus tard avoir vécu des pratiques dans un certain passé qu'il ne s'imaginait pas révolues. Justement, certains investisseurs, qui avaient pris l'habitude de bénéficier de passe-droits dans un passé lointain, ont cru pouvoir prospérer avec les mêmes pratiques. Certains d'entre eux n'hésitaient pas à essayer de contourner les procédures du ministère et procéder à des interventions musclées sur le terrain, des chantages médiatiques et de toutes formes d'accusations contre le ministère. L'attribution de certaines mines, particulièrement, a été l'objet de nombreux actes parfois illégaux. Certains candidats à l'attribution d'une mine ont poussé la communauté abritant cette mine à agresser physiquement, voire lyncher, tout autre investisseur qui viendrait visiter les installations. Des cadres du ministère, munis d'un ordre de mission, qui y ont accompagné un autre investisseur, n'ont eu la vie sauve que parce qu'ils ont vite fait de parler le dialecte du terroir et réussi à miraculeusement raisonner les jeunes prêts à en découdre avec diverses armes blanches. Des menaces régulières de toutes sortes, y compris de mort, ont été proférées dans le cadre de l'attribution d'une autre mine. Sans compter les pressions de toutes parts et de toutes sortes pour obtenir les faveurs dans l'attribution du gisement. J'ai mis un point d'honneur à faire comprendre à toutes les sources possibles de menaces, de tentatives d'intimidation et de pression, que nous n'attribuons les gisements que sur la base de l'évaluation objective d'une commission technique, avec l'assurance que la meilleure offre avait été choisie.

L'agenda des réformes au sein du ministère a été possible grâce à une plus forte mobilisation de ressources, un autre fruit du renforcement des contrôles. Outre les ressources internes, le ministère était déjà appuyé depuis

2012 par le Projet d'appui à la gouvernance dans le secteur minier qui, avec l'accompagnement de la Banque mondiale, a permis la mise en œuvre d'ambitieuses initiatives. À ce projet s'est ajouté le Projet d'appui au renforcement des capacités de l'administration pour la mise en œuvre des projets miniers intégrés, avec le soutien de la Banque africaine de développement. La Société Financière Internationale (SFI), le PNUD, la GIZ et plusieurs autres partenaires ont accompagné la réforme à divers niveaux.

Plusieurs réformes ont été menées avec d'autres ministères du fait de la multisectorialité des projets miniers. Un projet minier n'est pas un projet du ministère des Mines, mais un projet de l'État, du pays, dans sa globalité. Le manque d'appropriation des projets par les différentes administrations a causé la faillite de plus d'un. Cette appropriation doit aller au-delà des ministres avec lesquels, en général, nous avons eu une bonne collaboration et qui, impliqués dans les discussions précédant les signatures (notamment au niveau du conseil des ministres) sont généralement diligents dans la réponse aux demandes du ministère des Mines. Il s'agit en particulier des ministres des secteurs les plus impliqués dans les mines (notamment de l'administration du territoire, du budget, des transports, de l'environnement et de l'aménagement du territoire). On ne peut pas en dire autant pour certains cadres au sein des ministères qui n'avancent qu'à pas forcés sur la gestion des dossiers de développement des projets miniers. Certains émettent même parfois des avis surprenants de la part de personnes en charge de la mise en œuvre des engagements de l'État. Cela interpelle d'autant plus que les engagements figurant dans les conventions minières ne sont pas ceux du ministère des Mines, mais plutôt les engagements de tout le gouvernement, qui s'imposent aux cadres à tous les niveaux. Des engagements qui sont mis en œuvre par plus de dix départements et agences, dans le cas des projets miniers intégrés. Ces engagements sont, de surcroit, adoptés en une loi qui s'impose à tous. C'est dans cette logique d'intersectorialité qu'a été mis en place, en novembre 2017, le guichet unique pour la prise en charge des permis et autorisations de projets miniers, avec l'appui de Société Financière Internationale (IFC). Sous la coupe du Comité Interministériel de Suivi des Projets Miniers Intégrés (CISPMI), constitué des ministères et agences concernés par lesdits projets, le Secrétariat Permanent du CISPMI (faisant office de guichet unique) a mis en place un dispositif de suivi et un portail d'information sur les permis et autorisations. Dans ce dispositif, le guichet unique travaille en amont avec les projets miniers, pour identifier les permis et autorisations non minières nécessaires à la réalisation des projets et planifier les démarches administratives.

L'opérationnalisation complète du guichet unique des projets miniers intégrés, la mise en place effective des instruments de délégation de pouvoirs et de simplification des procédures, et la pérennisation de ces instruments, sont les principaux défis à relever pour faire pleinement jouer à ce guichet unique son rôle de façon durable.

Au-delà, donc, de la solidarité gouvernementale au niveau ministériel, nous devons aller vers une solidarité de toutes les administrations autour des projets miniers qui, s'ils prospèrent, contribuent à l'atteinte des objectifs de tous les départements, d'une manière ou d'une autre. Pour y arriver, le ministère des Mines doit certainement renforcer l'information et la sensibilisation à tous les niveaux de l'administration. C'est pourquoi nous avons pris l'initiative d'organiser des visites groupées des cadres des différents ministères dans les projets miniers afin d'assurer une appropriation plus large des projets au sein de l'administration au-delà du ministère des Mines.

Au terme de plusieurs années de réformes, le ministère a gagné en efficacité et en productivité. Les textes prévoient une durée de vie des permis de recherche pour une période pouvant aller jusqu'à sept ans (dont trois ans pour le premier octroi et deux renouvellements possibles de deux ans chacun). Dans la pratique, la phase de recherche dure au moins trois ans dans la quasi-totalité des cas sur un site vierge. À la suite de la recherche, qui permet à l'investisseur de disposer d'un gisement commercialement exploitable, ce dernier engage la phase de développement qui porte sur la réalisation de l'étude de faisabilité et de l'étude d'impact environnemental et social. Au terme de cette phase de développement qui peut durer deux ans, la société engage la mobilisation du financement (en fonds propres et en dettes) qui peut prendre deux années supplémentaires. Ce n'est qu'après cela que la phase de construction du projet est engagée. Cette dernière phase ne dure généralement pas moins de deux à quatre ans. Dans la pratique, il faut donc, en tout, autour de dix ans pour passer toutes les phases d'un projet minier du lancement de la phase de recherche à la mise en exploitation.

Grâce aux réformes engagées, nous avons pu améliorer l'efficacité de l'administration et raccourcir le délai de réalisation des projets. À titre d'exemple, nous avons pu passer la phase de construction d'un projet intégré d'exploitation de bauxite en dix-huit mois, celle d'un projet de chemin de fer (prévue pour trois ans) en environ deux ans, ainsi que les phases de développement, de mobilisation de financement et de construction d'un projet d'exploitation d'or en quatre ans. Malgré ces performances, il y a encore une grande marge de progrès puisque les réformes sont loin d'être complètes. Il est impératif qu'elles soient poursuivies et consolidées dans les années à venir pour les rendre effectivement irréversibles et l'administration encore plus efficace.

8

Le secteur minier, un levier de développement économique

Le développement des mines ne doit pas être vu exclusivement à travers le prisme minier. Il faut le voir dans une perspective globale de développement socioéconomique. Mes réflexes et mon profil d'économiste, et non d'expert technique du secteur minier, m'ont facilité cette compréhension holistique du développement minier dès le départ. Les mines sont en réalité plus un « moyen » qu'une « fin ». J'ai souvent entendu, particulièrement au cours des mois qui ont suivi ma nomination, que la Guinée ne doit pas être un pays minier. Que nous avons trop longtemps, à tort, fondé un espoir démesuré sur les mines pour développer la Guinée. Qu'il faut désormais miser sur d'autres secteurs. Cette analyse, sans être complètement erronée, est un raccourci qui prête à confusion. Tout d'abord, chaque pays doit identifier ses domaines d'opportunités de développement à court, moyen et long termes et les utiliser comme levier en surmontant efficacement ses handicaps. Quels que soient nos vœux, la Guinée a besoin d'énormes ressources financières pour se doter du capital humain et des nombreuses infrastructures nécessaires au développement du large potentiel dont elle dispose dans les secteurs comme l'agriculture, le tourisme, l'élevage, l'industrie, etc. Une opportunité immédiate de mobiliser ces ressources financières est offerte par les mines, dans le cas de la Guinée. Les mines représentent donc, pour le moment, un levier important pour lancer le pays sur la voie du développement. Il est par conséquent impératif que notre politique de développement intègre cette contrainte et la transforme en véritable atout. Toute autre option pourrait être hasardeuse. Comment justifier que l'État se désintéresse brusquement d'un secteur qui ne représente pas moins de 80 % de ses exportations, un quart de ses revenus, 20 % de son produit intérieur brut et plus de 90 % des investissements directs étrangers ? J'ai passé une partie de ma première année de ministre à sensibiliser certains membres de l'administration et des bailleurs internationaux qui véhiculaient cette fausse bonne idée de cesser de s'investir dans les mines.

Ma conviction était en particulier renforcée par l'histoire de nombreux pays développés comme l'Australie, la France, l'Allemagne, les États-Unis, le Canada, etc. Elle l'était aussi par la genèse de la construction de l'Union européenne autour de la coopération minière et industrielle avec la Communauté Européenne du Charbon et de l'Acier (CECA), la première communauté supranationale d'Europe, entrée en vigueur en 1952.

L'histoire du développement de ces pays et ensembles nous enseigne que les mines peuvent être un levier important dans le développement économique, dans la transformation et l'intégration économiques. Cependant, pour que les mines jouent pleinement ce rôle, le pays doit disposer d'une gouvernance robuste dans le secteur. Ce n'était pas vraiment le cas en 2010, quand le nouveau régime se mettait en place. Le changement de gouvernance nécessite toutefois des années de réformes pour en voir l'impact.

Ces pays, qui ont réussi dans leur entreprise de transformation structurelle grâce aux mines, ont d'abord réussi à mettre en place une gouvernance qui leur a permis de tirer le meilleur profit du secteur. Il s'agit, en somme, de garantir l'exploitation responsable des ressources minérales par une exploitation respectueuse des exigences sociales et environnementales, de bonnes pratiques en termes de lutte contre la corruption et la transparence, une gestion rationnelle des revenus miniers, notamment en faveur de la diversification économique et l'investissement dans les infrastructures socioéconomiques, une meilleure intégration des mines aux économies locales et à l'économie nationale, la création de la valeur ajoutée locale par la transformation, etc.

La nécessité de tirer le meilleur profit des mines en Guinée implique tout d'abord leur mise en exploitation au moyen d'investissements directs étrangers. Ni les ressources limitées de l'État, ni les capacités financières encore plus limitées du secteur privé national ne peuvent faire face aux investissements lourds requis dans le secteur minier. Ces investissements se chiffrent en dizaines, voire en centaines de millions. Les investisseurs étrangers, dans leur recherche de profit, ont toujours semblé intéressés par les mines guinéennes à cause de la taille, de la diversité et la qualité du potentiel de la Guinée dans ce domaine. Pour les attirer, l'État devait créer un cadre d'investissement propice qui leur garantit un retour sur investissement dans un délai acceptable. Une exploitation minière est censée durer au moins sur une décennie de production, après une première décennie d'investissement dans la recherche, le développement et la construction. L'investissement et le retour sur investissement sont donc « à cheval » sur plusieurs cycles politiques, ce qui crée en soi un risque pour l'investisseur, inquiet que ses droits soient remis en cause par un nouveau régime ou que ses opérations soient perturbées ou même arrêtées. Au-delà de la volonté des dirigeants, l'investisseur minier a besoin que les institutions du pays donnent une garantie de sauvegarde de ses droits. C'est pourquoi il est important que les réformes soient profondes et irréversibles. Qu'elles survivent au ministre, au gouvernement, au régime. Ce n'est qu'à ce prix que le secteur peut attirer des investisseurs crédibles, porteurs de projets viables mutuellement bénéfiques. Autrement, le secteur serait essentiellement envahi par des aventuriers à la crédibilité douteuse à la recherche de transactions ou projets éphémères.

L'objectif ultime est d'utiliser le secteur minier comme levier pour diversifier l'économie au sens large et construire une croissance inclusive accélérée. À cet égard, trois canaux de capture des bénéfices du secteur sont privilégiés.

Le premier canal concerne la ***collecte efficace et l'utilisation rationnelle des revenus miniers*** (actuels et futurs) pour investir en faveur d'une croissance inclusive, au-delà des mines. En plus des investissements réalisés à travers les dépenses budgétaires traditionnelles, il s'agit de privilégier des investissements structurants portant sur le domaine des infrastructures, de l'agriculture, l'énergie, l'éducation, la santé, etc. Dans ce cadre, on peut citer l'exemple du financement du barrage hydroélectrique de Kaléta (240 mégawatts) dont la contrepartie due par l'État, à hauteur de 112 millions de dollars US, a été payée au moyen des revenus miniers. Il en est de même du financement des projets de l'accord-cadre sino-guinéen signé le 5 septembre 2017, qui vise un investissement total de 20 milliards de dollars sur vingt ans, dans le cadre d'un mécanisme de « prêts enclaves ». Ce mécanisme est basé sur le financement des infrastructures socioéconomiques prioritaires (transport, énergie, éducation, etc.) dont le remboursement est assuré par des revenus miniers domiciliés auprès d'une banque convenue. Ce montant total de 20 milliards de dollars n'est pas un prêt contracté par la Guinée à la signature de l'accord-cadre ni l'objet d'un troc, comme beaucoup l'ont pensé au moment de la signature dudit accord avec les autorités chinoises. Il s'agit d'une série de prêts qui sont individuellement et séparément contractés sur une période indicative de vingt ans, conformément aux procédures en vigueur, y compris la soumission des accords de financement au parlement. Ces prêts sont remboursés par les revenus de projets miniers qui sont mis en œuvre conformément au Code minier, avec des conventions négociées et soumises individuellement au Parlement guinéen. Le seul lien entre les projets miniers et l'accord-cadre est le choix fait par l'État d'utiliser les revenus miniers, une fois disponibles, pour rembourser les emprunts contractés pour le financement d'infrastructures socioéconomiques de base. Les contrats de construction des infrastructures sont négociés et signés par les entités impliquées dans la passation des marchés de travaux (les ministères en charge des Travaux publics et des Finances, et l'Administration des grands projets). Le rôle du ministère des Mines se limite à la mise en œuvre des projets miniers suivant les dispositions du Code minier et de partager les informations relatives aux futurs revenus. Les accords de financement sont négociés et signés par le ministère des finances qui engage l'Etat en la matière. Les deux premiers accords de financement signés dans le cadre de cette coopération ont porté sur la reconstruction de la route nationale sur le tronçon Coyah-Mamou-Dabola (370 km), et la réhabilitation/reconstruction des voiries de Conakry (incluant la reconstruction de la route 2×2 Pont

8 Novembre-Bellevue) pour un montant total de 515 millions d'euros.

En plus de l'accord-cadre, les revenus miniers sont utilisés pour financer directement des infrastructures critiques pour le développement de certaines localités minières, comme c'est le cas de la route Siguiri-Kintinian (35 km) et le projet de la route de contournement de Boké en cours, sans compter les infrastructures et autres projets réalisés dans le cadre du Fonds National de Développement Local (FNDL) et du Fonds de Développement Économique Local (FODEL).

L'impact de l'utilisation rationnelle des revenus miniers ne peut être significatif que si le recouvrement de ces revenus est efficace et aussi exhaustif que possible. À ce sujet, il est souvent demandé, à tort, des comptes au ministère des Mines sur les revenus fiscaux de l'État. Même s'il doit s'assurer en tant que tutelle que les investisseurs respectent leurs engagements, le rôle du ministère des Mines est le développement responsable des activités minières et non le recouvrement des revenus fiscaux, encore moins l'utilisation de ces revenus.

Le deuxième canal consiste à ***maximiser l'impact économique par des externalités positives***, notamment grâce à des projets intégrés avec des systèmes d'infrastructure multi-utilisateurs favorisant les activités minières, agricoles et autres activités commerciales, pour promouvoir le contenu local. Cette promotion du contenu local permet, d'une part, d'offrir des opportunités de marchés aux PME locales, qui en profitent pour améliorer leurs capacités et leur viabilité. Elle permet, d'autre part, d'améliorer l'offre de main-d'œuvre locale qualifiée à travers le recrutement, la promotion et le renforcement des capacités. Ces bénéfices créés par les activités minières peuvent ainsi être diffusés aux autres secteurs par la création de richesses dans ces secteurs, ainsi que l'utilisation des ressources et des capacités nouvelles (des PME et de la main-d'œuvre) au niveau national ou à l'étranger. Cette approche de maximisation des impacts est valable aussi bien au niveau national qu'au niveau local. C'est pourquoi la stratégie de développement intégré local, élaborée dans le cadre d'une étude pilote sur la préfecture de Boké, doit être étendue à toutes les zones minières actives, avec pour objectif de maximiser les opportunités de développement socioéconomique par la création d'autres activités économiques, connexes ou non à l'activité minière, dans les secteurs de l'agriculture, de l'élevage, de la pêche, de l'industrie, de l'énergie, d'infrastructures diverses, etc., pour un développement local durable et inclusif. D'une manière générale, l'État doit fournir plus d'effort dans l'intégration économique par la création de plus de synergie entre les mines et les autres secteurs de l'économie. Cela doit être pris en compte dans l'élaboration et la mise en œuvre des politiques publiques.

Enfin, le troisième canal est celui de la ***diffusion des effets de l'amélioration du cadre d'investissement*** dans le secteur minier sur l'environnement général des affaires. Ces effets sont diffusés grâce à l'importance du secteur dans la perception générale de la gouvernance, et au caractère intégré des projets miniers. Les plus complexes de ces projets miniers concernent directement plus d'une dizaine de ministères et agences publiques, notamment les travaux publics, l'aménagement du territoire, les transports, etc. L'amélioration de l'environnement des affaires dans les mines peut donc induire un effet sur l'investissement dans les autres secteurs de l'économie et, partant, sur la croissance et le développement hors mines. Les réformes ont un impact positif sur les performances des ministères et agences impliqués dans les projets miniers. L'amélioration de la perception du secteur déteint donc sur celle de l'investissement dans d'autres secteurs du pays. Une amélioration de cette perception a un effet multiplicateur qui se réalise non seulement par des investissements connexes des sociétés minières, mais aussi par des investissements de sociétés nouvelles dans d'autres secteurs de l'économie.

Malgré tous les bénéfices qu'il peut générer, le secteur minier ne peut résoudre tous les problèmes du pays. C'est pourquoi, par une meilleure utilisation de l'opportunité minière, le pays doit progressivement devenir indépendant du secteur des mines en accélérant sa diversification. Cette indépendance est d'autant plus nécessaire que le secteur minier, hautement capitalistique, est dépendant d'un marché mondial fluctuant hors du contrôle de la Guinée. Cette incertitude demeurera pesante jusqu'à ce que la Guinée puisse transformer l'essentiel de sa production au profit d'une consommation finale au niveau national, sous-régional ou régional. Malgré le rôle clé des mines dans le développement socioéconomique du pays pour quelques décennies, le chemin de la prospérité et de la résilience économiques passe par une économie beaucoup moins dépendante des mines au fil des décennies. Plus le pays maximisera l'impact du secteur par tous les canaux présentés ci-dessus, plus son économie sera indépendante des mines.

Si les impacts directs des mines, bien qu'insuffisants (au regard des besoins socioéconomiques), sont visibles, les impacts indirects et induits de l'activité minière sont souvent sous-estimés, puisqu'ils ne sont pas toujours évidents à capturer de façon exhaustive.

Pour mieux cerner ces impacts socioéconomiques et en tirer les leçons appropriées pour la politique minière, nous avons réalisé de mars à août 2020 une évaluation indépendante de l'impact économique du secteur minier sur la période allant de 2011 à 2020, effectuée par le cabinet MNH consulting.

La synthèse des résultats de l'évaluation qui est présentée ci-après permet de mieux répondre à la question très négativement suggestive que nous entendons régulièrement : « À quoi servent les mines ? » Ces résultats et les informations additionnelles, qui répondent dans une large mesure de façon quantitative à cette question, sont les suivants :

- ***Un quasi-triplement du nombre de sociétés en activité*** *et une multiplication par vingt-huit du nombre de sociétés en phase d'exploration. Le nombre de sociétés en phase d'exploitation, qui était de six (6) en 2010, est passé à dix-sept (17) en 2020. Ce nombre de sociétés devrait s'accroître significativement durant les cinq prochaines années au regard de l'évolution importante des sociétés en phase d'exploration et de développement. Le nombre de sociétés en phase d'exploration est passé de seulement 12 en 2010, à 43 en 2015, puis à 340 en 2019. Cette augmentation est plus élevée au niveau de l'or (passant de 8 à 256 sociétés) et de la bauxite (de seulement 1 à 65 sociétés).*
- *Des réformes ont fait de la Guinée une destination privilégiée des investissements miniers en Afrique, avec un* ***niveau total d'investissements réalisés de 6,4 milliards de dollars*** *à une moyenne annuelle de 640 millions de dollars sur la période 2011 à 2019. Ce niveau inédit d'investissement, dont 6,2 milliards de dollars (soit près de 97 %) ont été réalisés entre 2015 et 2020, est cohérent avec l'évolution positive de l'environnement des affaires. À titre illustratif, le rapport de 2015 de l'Institut Fraser (organisation basée au Canada et qui fait référence) classait la Guinée 103e dans le monde et 20e en Afrique en termes d'attractivité pour les investissements dans le secteur minier. Grâce aux réformes réalisées dans le*

secteur, le rapport de 2019 du même organisme classe la Guinée 20e au monde et 1re en Afrique !

- ***Les investissements**, qui étaient de seulement 18 millions de dollars US en 2010, ont augmenté pour atteindre 1,4 milliard de dollars en 2020. Les investissements dans le secteur des mines sont, dans une large proportion, portés par ceux dans la branche de la bauxite. Sur le total des investissements miniers de la période 2011 à 2020, 87,9 % proviennent de la filière bauxitique (5,6 milliards de dollars US) et 12,1 % de la filière aurifère (776 millions de dollars US).*
- ***Des investissements miniers ont permis de multiplier la production bauxitique par quatre** et de faire de la Guinée un acteur majeur sur le marché mondial. La production bauxitique, qui était de 17 millions de tonnes en 2010, s'est située à 21 millions de tonnes en 2015. À partir de 2016, la production de bauxite s'est intensifiée pour atteindre un niveau record de 70,2 millions de tonnes en 2019.*
- *Un **quasi-doublement de la production aurifère**, portée par la production industrielle et artisanale. La production aurifère est passée de 14,7 tonnes en 2010 à 26,8 tonnes en 2019. La production industrielle de l'or est restée globalement stable, grâce à de nouveaux investissements. En moyenne annuelle, elle s'est établie à 14,2 tonnes. La production artisanale est passée de 4,9 tonnes en 2012 à 14,3 tonnes en 2019, grâce notamment à la suppression des taxes sur les exportations d'or artisanal.*
- *Comme conséquence de l'accroissement de la production minière, le **nombre d'emplois a été multiplié par 2,7** entre 2010 et 2019. Le nombre total d'emplois, qui était de 19 016 en 2010, s'est établi à 50 854 en 2019. Avec une taille moyenne de 6,6 personnes par ménage dans les zones minières (selon les données de l'Enquête*

Légère pour l'Évaluation de la Pauvreté, ELEP, en 2018) on peut estimer que plus de 335 000 Guinéens vivent directement des activités minières industrielles ; sans compter les personnes bénéficiant des emplois induits, des achats locaux et de l'exploitation artisanale.

- ***Le nombre d'emplois directs du secteur minier a presque triplé** en passant de 6 110 en 2010 à 16 340 en 2019. Cet accroissement, qui est sensiblement plus prononcé à partir de 2015, est principalement imputable à la performance observée dans la filière bauxitique. Les emplois indirects ont une tendance similaire à celle des emplois directs, avec un nombre d'emplois estimé à 34 515 en 2019, contre 12 906 en 2010.*
- *Ces emplois ont permis de générer des **revenus aux ménages** à travers la **masse salariale** versée aux travailleurs qui a été multipliée par quatre entre 2010 et 2019. La masse salariale du secteur est passée de 345 milliards GNF en 2010 à **1 381 milliards GNF en 2019**. Cet accroissement est tiré aussi bien par les sociétés aurifères que par les sociétés de bauxite.*
- *L'accroissement de la production du secteur minier a également été **une opportunité pour les entreprises locales à travers les achats de biens et services par les sociétés minières**. Ces achats ont représenté environ 1,1 % du PIB entre 2011 et 2019, traduisant leur effet non négligeable sur la création de richesse nationale. Ce poids s'est même accru durant les deux dernières années, s'établissant à 2,5 % en moyenne. Globalement, ces achats sont estimés à **8 030,9 milliards GNF** entre 2011 et 2019, soit une moyenne annuelle de 892,3 milliards GNF. Avec la poursuite de la mise en œuvre de la politique de promotion du contenu local, notamment à travers la bourse de sous-traitance et de partenariats, ces achats locaux et de prestations de*

services miniers devraient s'améliorer au cours des prochaines années.

- ***L'activité minière a fortement contribué au budget de l'État** sur la période 2011-2019 : les recettes publiques minières directes se sont situées à 397 millions USD en 2019, contre seulement 115 millions USD en 2010. Il faut noter que ces recettes portent uniquement sur les revenus directs perçus par l'État des sociétés disposant d'un titre minier, sans prise en compte des revenus provenant des sociétés de sous-traitance qui ne doivent pourtant leur existence de leurs activités que grâce aux opérations et investissements miniers. Par ailleurs, les rapports de l'Initiative pour la Transparence dans les Industries Extractives (ITIE) montrent que les revenus globaux générés par le secteur minier ont quasiment doublé entre 2015 et 2018 passant de 293 millions de dollars US à 544 millions de dollars US.*

- *Le secteur minier est devenu une **source importante de financement des collectivités locales**, conformément à la vision présidentielle. La création de l'Agence Nationale pour le Financement des Collectivités Locales (ANAFIC) et du Fonds National de Développement Local (FODEL) a été déterminante dans le processus de développement local dans notre pays. Les ressources de l'ANAFIC représentent 15 % de taxes du secteur mobilisées par l'État et sont destinées à l'ensemble des collectivités. Celles du FODEL représentent 0,5 % ou 1 % du chiffre d'affaires des sociétés pour les collectivités abritant les activités minières. Grâce à ces réformes, les ressources mobilisées pour le financement des collectivités ont atteint 324,5 milliards GNF entre 2011 et le premier trimestre de 2020, soit une moyenne annuelle de 29,6 milliards GNF, contre seulement 1,1 milliard en 2010.*

- *Les ressources provenant de l'exploitation minière ont permis le* ***financement d'un nombre important d'infrastructures socioéconomiques de base et de groupements dans les collectivités****. Au total, 606 infrastructures de développement ont été financées par ces ressources. Ces infrastructures comprennent, entre autres, plus de 200 salles de classe, 140 forages, 81 structures sanitaires, 14 ponts et ouvrages de franchissement, 31 kilomètres de pistes rurales et 31 maisons de jeunes. Ces recettes minières destinées aux collectivités ont également permis de financer les activités de 3 477 éleveurs et 1 380 pêcheurs.*
- *L'exploitation minière* ***contribue à réduire sensiblement l'incidence de la pauvreté****. Les individus se trouvant dans les zones minières ont moins de risque d'être pauvres que ceux des localités non minières. En effet, la probabilité pour un individu résidant dans une zone minière d'être pauvre est de 13,7 %. Ce risque est égal à 26,8 % pour une personne se trouvant dans une localité limitrophe d'une zone minière et de 30,3 % pour un individu vivant dans une localité non minière et non limitrophe d'une zone minière. En d'autres termes, le risque pour une personne d'être pauvre dans une zone non minière et non limitrophe d'une zone minière est trois fois plus élevé que pour un individu résidant dans une zone minière. Ce résultat est cohérent avec le flux migratoire exponentiel observé vers les zones minières, qui révèle l'existence d'opportunités économiques créées au sein et autour des opérations minières, mais crée une pression démographique aggravant le déficit des services sociaux de base.*
- *Le secteur minier est devenu également un* ***moteur de la croissance économique*** *et une source de diversification économique du pays. Le poids du secteur minier a nettement augmenté au cours de la dernière*

décennie. Il est passé de 14 % en 2010 à 17,7 % en 2019. L'analyse sectorielle montre également que les activités minières sont devenues la principale source de croissance économique durant les quatre dernières années. En effet, depuis 2016, les industries extractives représentent en moyenne 16,4 % du PIB, l'agriculture (7,7 %) et les services (6,6 %). Pour la même période de 2016 à 2019, le secteur a représenté en moyenne 45 % de la valeur ajoutée du secteur secondaire, tirant ainsi la croissance économique du pays, ces dernières années.

- *Grâce aux recettes d'exportations minières,* ***les avoirs en devises*** *du pays se sont stabilisés, avec pour conséquence une stabilisation du taux de change du franc guinéen par rapport aux principales devises. Entre 2010 et 2019, les exportations ont plus que doublé, passant d'environ 1 milliard USD à 2,5 milliards USD. Cet accroissement est remarqué particulièrement en 2017, année au cours de laquelle les exportations minières ont dépassé pour la première fois 2,2 milliards USD. La tendance haussière des exportations fait de la Guinée l'un des cinq principaux exportateurs de la sous-région ouest-africaine. Selon les données de la Banque Centrale de la République de Guinée (BCRG), les réserves brutes de la Banque Centrale sont passées de USD 498 millions en 2015 à USD 1,44 milliard au 30 juin 2021, soit un triplement, essentiellement grâce aux rapatriements de devises du secteur minier.*

- ***En termes d'impacts induits du secteur minier*** *sur les autres secteurs de l'économie, l'étude a montré que les investissements de ces quatre dernières années ont entraîné un accroissement de la valeur ajoutée du secteur des travaux de construction de 4,04 %, les services d'hôtellerie et de restauration de 2,11 %, les services immobiliers et aux entreprises de 2,49 % et les services financiers de 3,17 %, pour ne citer que ces sous-secteurs.*

L'évaluation montre que ces réformes ont donné des résultats encourageants entre 2011 et 2020, qui méritent d'être consolidés au cours des prochaines années. Toutefois, les consultants ont noté certains enjeux auxquels le secteur doit faire face, principalement :

- Le renforcement de la gouvernance locale dans un contexte d'accroissement des ressources aux collectivités locales ;
- L'identification et la promotion des investissements socioéconomiques permettant de catalyser les opportunités de développement local, notamment les infrastructures socioéconomiques de base ;
- Le respect par les sociétés minières de leurs engagements communautaires, notamment environnementaux, pour une meilleure cohabitation avec les communautés locales ;
- Le renforcement des capacités de l'administration minière dans un contexte de compétition internationale ;
- La transformation locale de la production minière pour plus de valeur ajoutée, notamment la production bauxitique.
- La promotion du contenu local afin de maximiser les retombées des investissements miniers sur l'économie locale.

9

Les négociations : du patriotisme pragmatique

Le développement minier passe souvent par la conclusion d'accords miniers particuliers. Le Code minier (et ses textes d'application) est la convention minière par défaut qui s'applique à tout projet minier couvrant les garanties fournies par l'État, ainsi que les droits et obligations des différentes parties prenantes. Ce fut, pendant quelques années, le cas de la Société Minière de Boké (SMB). Certains ont demandé à l'époque pourquoi cette société n'avait pas de convention minière. En fait, le Code minier était la convention minière qui était appliquée à cette société de facto. Il n'est pas surprenant non plus que d'autres se demandent pourquoi les sociétés minières ont souvent besoin de conventions minières. Cette question, qui est souvent posée, trouve sa première réponse dans le Code minier, qui donne le droit aux sociétés du secteur de demander et obtenir une convention particulière. L'octroi d'une convention par l'État ne signifie pas nécessairement que la société minière bénéficie de dérogations par rapport aux dispositions du Code minier. Il s'agit tout d'abord pour la société de s'assurer que les dispositions prévues dans le Code minier, notamment celles qui lui sont favorables, demeurent en vigueur pour le projet pendant une certaine durée. En effet, comme je l'ai déjà évoqué, pour l'investisseur, le délai de retour sur investissement peut largement dépasser dix ans. En plus de son investissement sur fonds propres à récupérer, il peut avoir emprunté des fonds auprès d'institutions financières pour réaliser le projet. Si le Code minier en vigueur est modifié deux ou trois ans après le financement et la construction du projet, et que cela augmente, par exemple, le montant des taxes et redevances de 5 à 10 %, cela peut, par l'écart par rapport aux hypothèses financières et économiques du projet, entraîner des effets négatifs pouvant aller jusqu'à rendre la société structurellement déficitaire, et donc jusqu'à la faillite complète. C'est pour se prémunir contre ce type de changement et d'autres à impact financier, juridique ou commercial, direct ou indirect, que la société cherche légitimement à stabiliser les dispositions du Code minier pour son projet. Comme dans tout financement, il faut réduire ou éliminer, si possible, tous les risques de mauvaises surprises remettant en cause la base sur laquelle la décision d'investissement a été prise.

Avoir une convention est donc une option, un droit, pour une société minière, consacré dans le Code minier, mais aussi un moyen de préserver la profitabilité de son projet ainsi que la protection de son investissement, en cas de changement éventuel de la législation minière.

La nécessité de protection de l'investissement n'est cependant pas la seule raison pour laquelle les investisseurs demandent à avoir une convention. Cette demande peut également être liée à l'importance de l'investissement. Le Code minier concerne l'exploitation de la mine. Or, dans le cas de certains projets, les investissements en infrastructures peuvent être encore plus lourds que dans les travaux, installations et équipements miniers. C'est notamment le cas des minerais en vrac (fer, bauxite, etc.) pour lesquels les investissements ont souvent atteint deux tiers de l'investissement total dans les projets en Guinée. Dans le cas où ces investissements dans les infrastructures de transformation, de transport ou d'évacuation deviennent nettement plus importants que ceux dans la mine elle-même, pour un projet intégré d'envergure, les discussions autour d'une convention minière et d'éventuelles conventions connexes vont largement au-delà de la simple adaptation d'un modèle de convention minière : il s'agit d'une véritable négociation qui prend au moins plusieurs mois d'intenses travaux.

Le principal défi, pour une administration ayant des capacités limitées, est de pouvoir négocier d'égal à égal avec des multinationales et leurs armées d'avocats et autres conseillers. La réforme menée dans le secteur depuis 2011 a aussi porté sur cet aspect. Dans le cadre de la revue des conventions et titres miniers, engagée en 2012, il a été instauré un dispositif qui constitue la base du schéma de négociation dorénavant adopté de façon systématique par le gouvernement. Un Comité Technique de Revue des Conventions et Titres Miniers (CTRCTM), chapeauté par un Comité Stratégique (ministériel), a mené la renégociation des conventions minières avec l'appui d'un consortium de quatre des meilleurs cabinets d'avocats au monde. Ce processus, déjà prévu et encadré par le Code minier de 2011, a été appuyé par les partenaires techniques et financiers qui, au-delà du financement des cabinets d'avocats, ont aussi mobilisé des experts techniques et financiers ayant accompagné ce processus aujourd'hui cité en exemple, notamment dans le cadre du dialogue sur le développement basé sur des ressources naturelles de l'Organisation de Coopération et de Développement Économiques (OCDE, regroupant les pays développés, pour la plupart). Au terme du processus de revue, en avril 2016, le ministère des Mines a poursuivi les négociations sur la même base, dans un cadre déjà éprouvé et bien compris par les acteurs à tous les niveaux.

Chaque négociation fait l'objet de la mise en place d'un comité de négociation qui inclut d'autres ministères concernés. Ce comité est appuyé par un ou plusieurs cabinets d'avocats, de conseillers techniques et financiers. Le rôle du Comité Stratégique est assumé par le ministre des Mines, le ministre du Budget (cosignataire des accords), ainsi que tout autre ministre directement concerné par l'accord en négociation ; celui des Transports, par exemple, pour un accord portant sur un chemin de fer. Lorsque l'accord est finalisé et validé par les ministres concernés, il est transmis à l'ensemble des membres du gouvernement dans le cadre de la soumission au Conseil interministériel (présidé par le Premier ministre) qui l'examine et le soumet par la suite au Conseil des ministres (présidé par le Chef de l'État). Ce n'est qu'après cette dernière étape que la convention est signée par les ministres (des Mines et du Budget), soumise au parlement, puis à la cour constitutionnelle, avant la signature du décret de promulgation de la loi qu'est désormais cette convention. Ce processus, désormais systématique, permet d'informer, de sensibiliser et d'obtenir l'adhésion de toutes les parties prenantes. S'il est entré dans les mœurs aujourd'hui, la transparence, à travers ce processus de consultation, n'était pas de mise dans le secteur minier guinéen dans un passé pas très lointain. Loin s'en faut.

Pour passer l'examen de ce processus robuste et crucial, avoir les meilleurs cabinets de conseillers et des comités bien outillés ne suffit pas. Il faut s'assurer que les intérêts du pays sont préservés à chaque étape du processus de négociation aboutissant à la convention à introduire dans le processus formel.

Sur la forme, il s'agit de maîtriser la question cruciale de la gestion de l'information lors des négociations, vis-à-vis de la partie en face, mais aussi vis-à-vis de la presse. Les fuites incontrôlées sont de nature à générer un risque sur la position de l'État guinéen ou même à créer une crise de confiance entre les parties. Quelques années avant ma nomination à la tête du ministère des Mines, j'ai vécu la situation extrême de la fuite de l'intégralité d'un accord majeur que la Guinée était en train de négocier, alors que les avocats n'avaient même pas fini de relire le document ! Le choc de cet évènement, et d'autres, dont j'ai été témoin, ont guidé mon engagement à assurer une gestion sécurisée de l'information dans le vif du processus de négociation, lorsque je suis devenu ministre des Mines. Toutefois, la transparence est de mise une fois qu'un avant-projet d'accord est obtenu. Pas avant.

Il n'était pas rare, par le passé, que certains membres des équipes de négociations, pour une raison ou une autre, en fassent fuiter le contenu afin de saborder le processus. J'en ai tiré comme principale leçon que les équipes pléthoriques de négociations étaient dangereuses pour l'intégrité du processus, au-delà de leur inefficacité. Nous avons donc souvent constitué des équipes restreintes, et en cas de nécessité (au vu de la complexité du dossier), des équipes en cascades avec de petits sous-groupes spécialisés/thématiques. Avec un schéma restreint et maîtrisé, nous avons pu mener les négociations les plus sensibles, parfois sur plus d'une année, sans aucune fuite.

L'intégrité du processus, au regard de la défense des intérêts de l'État, est aussi garantie par des directives claires sur les positions de négociations qui étaient connues de tous les membres de l'équipe restreinte, dans le cas de négociations moins sensibles. Dans le cas de négociations hautement sensibles, le principe de base a souvent été de ne partager les positions de négociation effectives qu'avec le chef d'équipe, qui se charge de donner à chaque membre le rôle qui lui revient pour avancer sur la stratégie de négociation, jusqu'à l'atteinte de l'objectif visé par l'État. Chaque membre joue effectivement sa partition sans avoir la capacité de faire dérailler le processus de la ligne tracée. Avec l'appui des avocats et des autres conseillers, et l'implication des autres membres de l'équipe, aucun membre ne peut jouer cavalier seul ni altérer la position de négociation de l'État. L'utilisation systématique de modèles financiers revus par nos conseillers, intégrant tous les flux financiers du projet en faveur de chacune des parties, permet de mener des négociations aussi objectives, aussi quantitatives que possible, laissant peu de place à des prises de position non justifiées. Dans la forme, en plus d'assumer par nos propres moyens tous nos besoins administratifs, les frais relatifs à ces négociations sont pris en charge par le ministère des Mines ou chargés sur le projet sur la base d'un accord formel, pour éviter tout moyen de pression de la partie en face sur l'équipe de négociation.

En vérité, aucune précaution n'est de trop pour préserver l'intégrité du processus de négociation. Quand on sait que certaines organisations sont prêtes à mettre les grands moyens de recherche, voire d'espionnage, pour recueillir les informations, on comprend vite qu'on n'est jamais à l'abri. Lors de certaines négociations, et malgré nos mises en garde, la partie en face enregistrait la totalité des discussions. Cette pratique nous a amenés à toujours préférer des négociations en terrain neutre, c'est-à-dire carrément dans un autre pays que celui de l'investisseur. Rester dans le pays de l'autre partie a servi de leçon au directeur d'un grand groupe international qui s'est vu félicité, par maladresse, par le directeur d'un autre groupe, dès l'entame d'une réunion à la veille de laquelle il avait — discrètement, pensait-il — scellé un accord confidentiel. Et même dans le cas d'une rencontre en terrain neutre, on n'est pas à l'abri d'une fuite. Une mission que j'ai menée dans une ville occidentale en secret ne l'est pas longtemps restée puisque, dès ma première journée, quelqu'un bien plus dans le secret a appelé pour vérifier ma présence à l'hôtel, sans que je puisse connaître l'identité de la personne. Des précautions minimales consistent donc à ne jamais avoir d'habitudes imprudentes et à garder soigneusement toute information critique pour une négociation. Il faut toutefois se réjouir que malgré leurs ressources extraordinaires, les grandes organisations sont animées par des êtres humains faillibles. Il arrive que certains oublient des notes hautement stratégiques sur une table de travail ou les jettent simplement dans une poubelle. La découverte de quelques trésors de ce type nous a parfois aidés dans des négociations extrêmement difficiles.

Sur le fond, chaque négociation est spécifique, avec trois dimensions différentes. D'abord, le *contexte du projet*, à savoir ses propres paramètres économiques et financiers. Ces paramètres varient d'un projet à un autre et ne peuvent être répliqués à l'identique. À titre d'exemple, deux projets ayant le même objet et la même taille peuvent avoir des différences liées à la nature des investisseurs, au site de réalisation, aux procédés, etc.

Ensuite, il y a le *contexte national*, qui peut être différent d'un moment à un autre. Un projet engagé en 2014 en période d'épidémie d'Ebola demanderait plus de facilités que le même projet engagé en période post-Ebola. Le contexte peut également être jugé différent entre la période avant et celle après la construction d'infrastructures publiques importantes dans la zone de réalisation d'un même projet.

Enfin, le *contexte international* prévalant lors de la prise de l'initiative d'investissement (et les perspectives) est déterminant pour les conditions de négociation. Les projets d'or se négocieraient à des conditions plus favorables pour l'État en juillet 2020, avec des cours du métal jaune nettement en hausse, que cinq années auparavant.

Ces trois groupes de paramètres (du projet, nationaux et internationaux) déterminent la flexibilité des positions de négociation de l'État et des investisseurs. Sans que cela ne soit quantifié, nous jaugeons le caractère raisonnable et le niveau de flexibilité à adopter dans chaque négociation en conséquence, sur la base du modèle financier qui fait référence. Il est évident que l'attitude de l'investisseur en face donne toujours une idée de celle que nous pouvons avoir, sans occulter les jeux de rôles dans lesquels les uns et les autres sont experts.

Le dernier élément clé dans le processus de négociation est le temps dont dispose l'équipe pour conclure. En général, ma conviction est qu'on peut obtenir presque tout ce qui est raisonnable, voire plus, pour l'État si le temps n'est pas une contrainte. Malheureusement… le temps est toujours une contrainte. Même s'il l'est de moins en moins, au fil des années, dans le secteur de la bauxite, dans lequel nous estimions dès 2018 avoir assez de projets mûrs pour saisir les opportunités sur le marché international.

Malgré l'importance du facteur temps, montrer que l'on est pressé fait toujours perdre des opportunités d'obtention de concessions, en face de négociateurs aussi aguerris que ceux des sociétés minières. Le bluff est donc plus qu'utile pour éviter ce piège. Je me souviens de difficiles négociations menées avec une grande compagnie qui n'a cédé qu'en comprenant que j'étais prêt à renoncer à la signature de l'accord et reprendre l'avion. Ils ont tout de même poussé les discussions jusqu'au bout en me rattrapant à l'aéroport pour la signature incongrue, dans le salon d'un aéroport, alors qu'ils avaient eu deux semaines pour le faire ! Cet investisseur a déjà investi des centaines de millions de dollars en Guinée et lancé la production de son projet. Comme pour dire qu'ils étaient probablement plus pressés que nous pour cette fameuse signature.

La difficulté d'une négociation peut parfois être le signe du sérieux qu'accorde l'investisseur à ses engagements, ou de la volonté de ce dernier d'obtenir des conditions exigées par des tiers (prêteurs, autres partenaires d'investissement, etc.). Les équipes d'un important investisseur nous ont fait vivre des journées et des nuits extrêmement difficiles, avec parfois des altercations frôlant des agressions physiques tant la tension était vive. À la fin des négociations, ils ont félicité l'équipe en leur manifestant la fierté de voir des personnes défendre aussi passionnément leur pays. Au bout du compte, ils ont respecté tous les engagements, obtenus de haute lutte, qui ont déjà abouti à la mise en production du projet après plusieurs centaines de millions d'investissements.

Une autre négociation difficile m'a appris que les menaces crédibles sont parfois les seuls recours dans certaines situations extrêmes. Une menace crédible est une menace, évidemment sérieuse par son impact éventuel, que vous devez avoir les capacités, mais aussi la volonté de mettre à exécution si votre demande n'est pas satisfaite. Un soir de septembre 2016, je me retrouvai face au directeur d'un grand groupe qui ne semblait pas vouloir céder à des demandes importantes pour le pays que nous estimions raisonnables. En plus de formuler poliment ma menace crédible, je me suis senti obligé de faire référence, en contradiction avec ma réserve habituelle, au risque que sa compagnie encourait de faire face à des conséquences très regrettables en employant la métaphore « bain de sang » si notre demande n'était pas satisfaite. Je faisais en réalité simplement référence à la sanction ultime pour un minier : le retrait de son titre minier. J'ai été contraint de retirer ces mots inappropriés face au choc que cela a provoqué chez mon interlocuteur. Mais le mal était fait, avec tout de même des conséquences positives, parce que mon interlocuteur a pris la menace au sérieux et a finalement accédé à notre demande, quelques semaines plus tard.

Aussi paradoxal que cela puisse paraître, les négociations, difficiles et souvent longues, ont surtout l'avantage de créer une équipe de négociation, constituée à la fois des représentants de l'État et de l'investisseur, qui se connaissent bien et qui ont une parfaite maîtrise de tous les détails du projet. Cela nous a souvent facilité la mise en œuvre de projets que s'étaient entièrement appropriés les représentants des deux parties, devenus quasiment des partenaires solides au fil des mois.

Si la difficulté des négociations peut être appréciée, ces dernières doivent toujours se dérouler dans un climat de confiance professionnelle et de respect. Une situation extrême, lors d'une certaine négociation, notamment en termes de violence verbale et de falsification de points d'accord, a abouti à des difficultés énormes dans la mise en œuvre du projet, qui n'a pu avancer que lorsque les principaux protagonistes ont été écartés, plus tard.

Avoir toujours conscience que toute négociation, quelle que soit sa complexité ou sa difficulté, est menée par des hommes et des femmes, est la leçon la plus importante que j'ai tirée de dizaines de négociations que j'ai eu à mener dans le secteur. Des hommes et des femmes qui peuvent avoir des faiblesses, des sentiments, tomber malades, ou simplement se fatiguer ou craquer. J'ai parfois vu des gens céder parce qu'ils étaient fatigués ou malades, ou trop longtemps loin de leurs familles. J'en ai aussi vu certains craquer psychologiquement et s'écrouler parce que nous avions réussi à mettre à nu et démonter leurs manœuvres de négociation.

Face à des négociateurs aguerris, les équipes guinéennes ont parfois été constituées de personnes qui ne peuvent pas négocier plus de deux heures d'affilée, et d'autres qui sont pressées d'aller faire du shopping ou de rentrer dormir. Heureusement que les équipes que j'ai eu la chance de diriger au ministère n'étaient quasiment constituées, à chaque fois, que de personnes faisant preuve de patriotisme et d'une compétence de haut niveau, avec une volonté et une détermination qui impressionnaient souvent les parties en face lesquelles en ont pourtant vu d'autres. Les résultats obtenus sur plus d'une vingtaine de conventions que nous avons négociées en cinq ans l'ont été d'abord grâce à leur professionnalisme. Et surtout grâce à leur patriotisme, au vu de l'importance des intérêts en jeu, des tentations humaines auxquelles elles auraient pu céder, et du manque de scrupules de certaines parties en face.

Les négociations peuvent aussi bien être déclenchées par une initiative spontanée d'investissement de la société détentrice du titre qu'être la conséquence directe de l'attribution d'un gisement ou d'un transfert à un nouvel investisseur. Parmi les exemples les plus emblématiques figurent ceux des gisements de fer du Nimba et des blocs 1 et 2 du Simandou. Ces deux gisements ont été attribués dans le cadre de procédures compétitives dont l'une, sur le Nimba, un transfert d'actions mené par l'actionnaire principal (EuronNimba), et l'autre, sur les blocs 1 et 2 de Simandou, un appel d'offres international mené par l'État. Le principal défi, pour ces gisements, est celui du financement et de la construction des infrastructures de transport et d'évacuation, comme pour la plupart des grands gisements de minerai en vrac (en l'occurrence, la bauxite et le fer). Malgré les questions récurrentes sur la voie d'évacuation de ces gisements (le Liberia ou la Guinée ?) les options prises par l'État guinéen sont claires et objectives. Les gisements de fer, au sud-est du pays, sont classés en trois catégories :

- Ceux de petite taille, situés tout près de la frontière libérienne (donc, très loin des côtes guinéennes), qui n'ont aucune chance d'être rentables autrement que par l'évacuation du minerai par la voie libérienne. Il s'agit notamment du gisement de Zogota, situé autour de 350 km des côtes libériennes et à plus de 700 km des côtes guinéennes ;
- Les gisements de grande taille relativement proches des côtes guinéennes et rentables par l'évacuation à partir desdites côtes. Le grand gisement de minerai de fer de Simandou, situé à environ 650 km des côtes guinéennes et à plus de 400 km des côtes libériennes, est classé dans cette catégorie. L'étude de faisabilité déjà effectuée par Rio Tinto en 2016 (rien que sur le gisement des blocs 3 et 4) a confirmé que le projet est non seulement rentable, mais qu'à terme, il pourrait devenir un des projets de minerai de fer les plus rentables au monde.
- Enfin, une catégorie intermédiaire, dans laquelle se trouve le gisement du Nimba, qui se situe à environ 300 km des côtes libériennes et à plus de 700 km des côtes guinéennes. La localisation géographique et l'importante quantité de minerai de fer de haute qualité de ce gisement ne permettant pas de se déterminer sur sa viabilité. L'État a donc exigé que le choix de la voie d'évacuation se fasse à partir des résultats d'une étude de viabilité du projet de l'évacuation par les côtes guinéennes. L'autorisation d'évacuation par le Liberia n'étant donc accordée qu'en cas de non-viabilité par le Transguinéen.

Ces options ont constitué la base des négociations avec les acteurs souhaitant développer ces gisements.

Le gisement du Nimba est un grand gisement situé dans la préfecture de Lola, qui était majoritairement détenu par la coentreprise EuroNimba (BHP, 43,5 %, NEWMONT, 43,5 % et AREVA, 13 %) à hauteur de 95 %. La société de projet, la Société des Mines de Fer du Nimba (SMFG), détenait une convention (l'accord de développement) et une concession (le titre minier) datant de 2003. Malgré la négociation d'un accord de cession des parts d'EuroNimba à un nouvel acquéreur en 2013, à la suite de la volonté de retrait de BHP et AREVA, la cession proprement dite n'a pas eu lieu. Après plusieurs mois de sélection entre plusieurs candidats, EuroNimba a finalement soumis à l'État, en mars 2018, un potentiel acquéreur de la totalité de ses parts dans la SMFG. Dans de telles situations, le ministère s'assure, à travers une procédure de vérification, que l'acquéreur dispose des capacités et de l'expérience nécessaires pour développer le projet qu'il propose en répondant aux ambitions de l'État. Compte tenu du caractère sensible du site du Nimba (qui abrite le site, mitoyen au site minier, classé au patrimoine mondial par l'UNESCO) et de l'importance du gisement pour le pays, les vérifications et discussions ont pris plusieurs mois. D'abord, nous devions vérifier la qualité du repreneur, ensuite, négocier avec ce dernier une nouvelle convention qui devait être l'opportunité de corriger certaines insuffisances de l'ancienne convention. Nous avons vite été rassurés quant à la qualité de HPX, une société appartenant au même groupe minier qu'Ivanoe Mines, de réputation mondiale. Les négociations, qui ont commencé en octobre 2018, après la fixation des principes de négociation sur les principaux sujets d'intérêt, ont abouti à la signature de la convention minière le 5 septembre 2019. Cette négociation nous a permis, entre autres, d'améliorer les parts de revenus de l'État, y compris des parts (nouvelles) non contributives allant jusqu'à 15 %.

Contrairement à certaines affirmations, l'État n'a pas « vendu » le Nimba. Un investisseur privé (HPX) a repris les parts d'autres investisseurs privés (BHP, Newmont et Orano, ex-Areva) dans la coentreprise (EuroNimba), sous la condition que l'acquéreur rembourse à ceux qui cèdent ce qui correspond à des coûts historiques (en gros, déjà dépensés).

Concernant le gisement des blocs 1 et 2 du Simandou, un appel d'offres lancé en juillet 2019 a permis de faire une adjudication provisoire au mieux-disant, le Consortium Winning SMB, en novembre 2019. Cette société est celle qui s'est formellement engagée à construire le Transguinéen, qui était l'un des principaux objectifs de l'État et une condition d'attribution. Les négociations avec cette société ont duré une année pour aboutir à la signature de l'ensemble des conventions (mine, port, chemin de fer).

Dans ces deux cas (Nimba et Simandou 1 et 2), l'État n'a pas « vendu » les gisements. L'État n'a de toute façon pas vocation à « vendre » des gisements. Il les donne en concession à des sociétés qui lui paient des taxes et des dividendes tout en créant des emplois et des activités économiques. À titre exceptionnel, l'État peut obtenir des compensations financières, dans le cas de gisements pour lesquels il dispose d'informations de valeur (notamment les études) et/ou d'actifs ayant fait l'objet d'investissements. Ce fut le cas pour les blocs 1 et 2 de Simandou pour lesquels l'État a obtenu un montant, qu'il avait demandé aux candidats en compétition de proposer librement. Cela permettait de ne pas connaitre le même échec que sur les blocs bauxitiques de Boffa, sur lesquels l'État a fixé des montants de ticket d'entrée qu'aucun candidat ne s'est révélé pouvoir payer, forçant ainsi l'annulation pure et simple de la procédure, devenue infructueuse.

L'État a pour premier objectif le développement et la mise en exploitation des mines. Ainsi, si le paiement d'une compensation avant la mise en exploitation doit devenir un frein à l'investissement dans le projet, le choix évident est de mettre en priorité la mise en exploitation, qui peut apporter tous les bénéfices attendus (revenus, emplois, contenu local, développement local, etc.) pendant des décennies. L'État, dans sa position régalienne, ne « vend » donc pas les gisements, qui demeurent toujours sa propriété même si l'actif dépérit au fil des années d'exploitation. Il concède, pendant une certaine période, les droits exclusifs d'exploitation, à une société ou un consortium. À la fin de la période de concession ou à l'annulation de la concession, l'État récupère tous ses droits sur les actifs/ressources existants, ou sur ce qui en reste, ayant fait l'objet de la concession.

Les négociations de conventions font couler à juste titre beaucoup d'encre et de salive en Guinée et presque partout ailleurs. Il s'agit en effet d'engagements importants concernant, dans le cas des mines, des ressources nationales de grande valeur. Il y a souvent des arbitrages difficiles à faire. Il y a un tiraillement permanent entre les urgences de court terme et les impératifs de long terme. Il en est de même pour celui entre la nécessité d'avoir un projet profitable, viable, et celle de maximiser les bénéfices pour l'État. Le plus important est que les choix concilient les contradictions inhérentes à tout processus de négociation. Un processus qui, mené dans un équilibre relatif des forces, laisse chacune des deux parties inévitablement sur sa faim. Une chose est sûre : nous utilisons toutes nos forces, toutes nos expériences et celle de conseillers aguerris, la modeste intelligence et la tout aussi modeste sagesse dont la nature nous a dotés, pour obtenir tout ce que nous pouvons avoir pour le pays. Est-ce que nous avons obtenu tout ce que nous voulions dans les négociations que nous avons faites ? Bien sûr que non. Est-ce que nous avons tout fait à la perfection dans les négociations des accords que nous avons signés ? Certainement pas. S'il fallait tout reprendre, nous aurions peut-être et même probablement amélioré certaines choses à une époque et dans un contexte (du projet, national et international) différents. C'est la nature propre des négociations. Cependant, compte tenu des contraintes objectives économiques, techniques, légales et commerciales liées au contexte de chaque négociation, nous avons pris les positions que nous estimions être les meilleures pour la Guinée en ce moment. Nous aurions peut-être fait d'autres choix si les négociations se faisaient dans un contexte objectivement différent (sur le plan commercial, technique, économique et légal) à une autre époque. Mais pour ça, il aurait fallu avoir une machine à remonter le temps ou une boule de cristal pour prédire l'avenir. En tout état de cause, les engagements nés de ces accords lient la Guinée et les investisseurs. Chaque partie doit les assumer pleinement. Chacune des parties a la responsabilité, le devoir, de s'assurer de leur bonne application par toutes les parties. Aussi imparfaits soient-ils pour l'État, d'une part, et pour l'investisseur et les prêteurs, d'autre part. Pour que le parfait ne soit pas l'ennemi du bien. Pour que le pays avance.

10

La problématique des revenus miniers

L'efficacité de l'octroi des avantages fiscaux particuliers dans l'attraction de l'investissement au regard de leur coût est un sujet à débat. Il est difficile de faire la différence entre ceux qui défendent les positions de leurs groupes d'intérêts, et ceux qui, dans une approche neutre, défendent des positions qu'ils jugent sincèrement objectives. Chercher la vérité dans les méandres des justifications et des impacts des incitations fiscales est donc une tâche ardue. Tellement de facteurs objectifs et subjectifs contribuent à inciter un investisseur à prendre la décision de franchir le pas. Sans parler des multiples hypothèses incertaines qui sous-tendent la principale motivation de la décision de l'investisseur : la rentabilité projetée. Le débat sur les incitations fiscales ne sera certainement jamais clos. Certains estiment que l'amélioration d'autres aspects du cadre d'investissement (cadre légal et règlementaire, infrastructures, bureaucratie, corruption, etc.) doit être le levier d'attraction des investissements, suggérant d'éviter la solution de facilité, jugée inefficace, que pourraient être les incitations fiscales pour ne pas engager les difficiles réformes du cadre d'investissement. D'autres soutiennent une approche réaliste insistant sur le temps que les réformes prennent dans les pays sous-développés qui ont un besoin urgent d'investissement. D'autres aussi soutiennent que la mondialisation, la baisse des barrières tarifaires, la libéralisation des changes, et la forte internationalisation des sociétés multinationales, sont autant de facteurs qui rendent les incitations fiscales plus pertinentes qu'elles ne l'ont été par le passé.

Sans entrer dans ce débat séculaire sur l'efficacité ou non des incitations fiscales, il est important d'en analyser la pertinence dans le contexte du secteur minier guinéen. Sans passion. Certains jugent les incitations fiscales inopportunes ou inefficaces pour un pays comme la Guinée sur la base de leur analyse des résultats d'études qui, même si elles sont sérieuses, ne peuvent s'appliquer systématiquement à tous les pays. Ils affirment ou insinuent que la Guinée n'a pas besoin d'incitations fiscales pour attirer l'investissement, par exemple, sur la base d'une enquête de l'ONUDI auprès de 7 000 entreprises de 19 pays en 2011. Tout en ne remettant pas en question la crédibilité de cette enquête, il est important d'éviter, comme c'est souvent le cas, de faire dire à une enquête internationale ce que ses résultats ne peuvent impliquer pour la Guinée en particulier. Cette enquête conclut que les incitations fiscales ne représentent que le 11e facteur sur 12 facteurs motivant les décisions de choix d'un lieu d'investissement. Ce que l'enquête ne dit pas, et qu'il ne faut pas lui faire dire, c'est que les compétiteurs directs de la Guinée, des pays développés ou émergents, dépassent notre pays sur la majorité (sinon la totalité) des 10 premiers facteurs, faisant de facto du 11e (les incitations fiscales) un facteur beaucoup plus déterminant qu'il n'y parait dans un cadre général. De surcroît, contrairement aux incitations fiscales, les 10 premiers facteurs prennent plus de temps pour être changés dans les faits et surtout dans la perception des investisseurs. Il s'agit notamment de la stabilité économique et politique, l'accès aux matières premières, le cadre légal, l'environnement des affaires, la taille du marché, la qualité des infrastructures, la présence d'une main-d'œuvre qualifiée et le coût du travail ou la qualité de vie dans le pays.

Même si les gisements ne sont pas délocalisables, les sociétés minières ont le choix d'investir en Guinée ou dans un autre pays, à partir du moment où ils peuvent y trouver le minerai avec les caractéristiques recherchées (ce qui est a priori le cas de toutes les substances dont l'existence est connue en Guinée). Au-delà des facteurs qualitatifs, le constat factuel est que les incitations sont pour la Guinée un moyen de correction du gap de compétitivité économique et financière, ou plutôt de profitabilité, des projets dans le pays par rapport à des projets comparables dans d'autres pays. Malgré l'amélioration constante de l'attractivité de la Guinée au cours de la dernière décennie, le pays a au moins deux handicaps dans ce domaine qui justifient, au moins jusqu'à présent, des concessions fiscales pour attirer certains investissements dans le secteur minier. D'abord, l'insuffisance des infrastructures qui oblige les investisseurs miniers à consacrer une part plus importante de leurs ressources aux infrastructures en comparaison avec des pays ayant des infrastructures plus développées. Ensuite, la distance plus importante entre la Guinée et le plus grand marché qu'est la Chine créant un écart défavorable sur le coût du transport pour notre pays.

Sur ces deux points, certains pays comme l'Australie, un des principaux concurrents sur la bauxite et le fer, ont une longueur d'avance sur la Guinée. Par exemple, un projet de bauxite peut économiser jusqu'à deux tiers de l'investissement s'il est réalisé dans un pays disposant déjà d'un chemin de fer et d'un port, en comparaison avec un pays qui n'en aurait pas. En outre, le coût de transport de la tonne de bauxite de la Guinée en Chine peut largement dépasser 20 dollars US (il a atteint des sommets depuis la pandémie de Covid-19) quand celui de l'Australie pour la même destination est généralement en dessous 10 dollars US. Toutes choses égales par ailleurs, la Guinée a donc un handicap à rattraper sur chaque projet pour compenser ces gaps sur le fret et sur l'investissement dans les infrastructures. Cela implique nécessairement des concessions fiscales pour rendre les projets compétitifs en termes de rentabilité.

La problématique des revenus miniers, en relation avec les concessions fiscales, nous interpelle du fait de plusieurs analyses inexactes qui en sont souvent faites y compris par certains qui se préoccupent pourtant sincèrement des retombées des activités minières. Ces analyses prêtent à confusion avec pour conséquence une vision biaisée des progrès réalisés au cours des dernières années et un détournement de l'attention d'importants défis.

La première analyse inexacte concerne l'objectivité et la base légale d'octroi des exonérations fiscales. Ces exonérations ne sont jamais ad hoc dans le secteur minier, mais suivent un processus de négociation qui aboutit à la signature de conventions qui incluent ces exonérations, qui sont dorénavant accordées dans une approche objective sur la base d'un modèle financier prenant en compte les besoins d'investissement dans les infrastructures (en particulier pour les minerais en vrac comme la bauxite et le fer). L'implication du ministère des Mines en amont, à travers les clauses fiscales des conventions minières, se fait sous le contrôle du ministère du Budget. Dans tous les cas, toutes les conventions sont soumises à l'Assemblée nationale qui les adopte avant leur entrée en vigueur. La vingtaine de conventions que j'ai eu l'opportunité de présenter au parlement ont été adoptées, avec leurs clauses fiscales, par le vote favorable de l'ensemble des députés, donc de tous bords politiques, à une abstention près lors du vote de deux conventions. Par ailleurs, l'application de la hiérarchie des normes (des textes) confirme bien la validité d'une loi ordinaire (donc de même niveau que le Code minier) postérieure votée aux mêmes conditions (majorité simple des députés de l'Assemblée nationale) sur un domaine particulier. Seules les dispositions contraires d'une loi organique ou de la Constitution peuvent remettre en cause celles d'une convention particulière valablement érigée en loi ordinaire. À ma connaissance, il n'existe rien de tel. Il en est de même pour les exceptions votées chaque année dans la loi de finances en dérogation aux codes existants. Pour accommoder le besoin d'attraction de l'investissement et la génération de revenus pour l'État sur la durée, les conventions prévoient en général l'application de la taxe minière et de l'impôt sur les bénéfices au terme d'une certaine période de congé fiscal, ainsi que les dividendes liés à la participation non contributive de l'État.

En somme, le ministère des Mines ne détermine pas seul et secrètement le niveau des impôts et taxes. Le ministère des Mines ne collecte pas les impôts et taxes. Il n'affecte pas les montants collectés dans le cadre du processus de programmation et de budgétisation. Il ne procède pas non plus à l'exécution des dépenses du budget national. Pourtant, nombreux sont ceux qui interpellent régulièrement le ministère des Mines sur cette problématique des revenus miniers. Les exonérations sont une décision collective de l'État guinéen. Elles ne sont ni celle d'un ministère seul, ni de l'exécutif seul, mais celle de l'État guinéen dans sa globalité incluant le parlement constitué des élus du peuple y compris de l'opposition.

La question légitime qu'il convient alors de se poser est celle de la base sur laquelle le niveau d'exonération est déterminé. Dans la pratique, chaque concession est faite au regard de son impact sur la rentabilité du projet qui est déterminé au moyen d'un modèle financier et de son coût pour l'État. Ce modèle prend en compte tous les flux financiers entrant dans le projet ou sortant du projet au profit des parties prenantes (en particulier l'investisseur et l'État) pendant la durée de vie dudit projet. Généralement, l'investisseur soumet un modèle financier prenant en compte tous les flux financiers du projet. Le modèle est audité par les conseillers financiers de l'État, sur la base de sa connaissance des projets de profil similaire et des conditions du marché, pour s'assurer de l'exactitude, de la pertinence et de l'exhaustivité des informations financières y figurant. Les négociations sont par la suite menées avec l'investisseur pour aboutir à un niveau de rentabilité raisonnable du projet (ni négatif, ni excessivement positif) au regard des niveaux de rentabilité des projets similaires, et conformément aux objectifs de l'État, notamment sur la préservation des sources de revenus les plus sûrs pour la Guinée (en l'occurrence la taxe minière). Dans le cadre des négociations avec les partenaires techniques et financiers de la Guinée, au-delà des estimations quantitatives sur la base des modèles financiers, et pour répondre aux réalités de l'investissement dans le secteur minier guinéen, la pertinence des exonérations a été confirmée en juin 2018 au titre du Programme de Facilité Élargie de Crédit (FEC) du Fonds Monétaire International

(FMI) dans le cas des projets miniers incluant des infrastructures partagées et/ou des unités de transformation locale.

Se préoccuper des exonérations fiscales est légitime. Cependant, il est aussi légitime de se préoccuper d'abord du niveau de recouvrement des impôts et taxes auxquels les sociétés sont déjà assujetties, ainsi que de l'utilisation rationnelle des revenus recouvrés. Il est en effet plus pertinent et juste de s'assurer d'un recouvrement efficace et d'une utilisation efficiente des revenus avant d'envisager d'alourdir la charge fiscale sur les sociétés. Dans le cas contraire, il y a un risque que l'accroissement du niveau de taxation ait les effets négatifs (sur l'incitation à investir) inhérents à une telle initiative sans la réalisation des bénéfices attendus (sur les niveaux des revenus et sur la qualité des dépenses). Le secteur minier, comme la plupart des secteurs d'intervention des grands groupes internationaux (télécoms, secteur financier, infrastructures et logistiques, etc.), est l'un des secteurs ayant un risque élevé d'évasion fiscale, y compris dans les pays développés. Les pays font face au risque d'évasion fiscale à travers les prix de transfert, à travers la surévaluation des charges ou la sous-évaluation des revenus des filiales au profit d'autres sociétés du groupe, soustrayant ainsi des bénéfices imposables du champ de l'impôt sur les bénéfices et des dividendes. Il est donc fondamental que les efforts se poursuivent pour l'efficacité de l'identification et du recouvrement des impôts et taxes afin que l'État puisse prendre la véritable mesure de l'impact des exonérations fiscales dans les mines et au-delà. Le renforcement du contrôle fiscal, sans que cela ne tourne en harcèlement, des sociétés de l'ensemble des secteurs concernés (pour éviter une stigmatisation du secteur des mines qui n'est pas le seul concerné), pourrait être un bon départ. Le secteur minier, malgré son poids dans l'économie, ne doit pas faire l'objet d'une stigmatisation nuisible à l'investissement dans ce secteur qui représente en moyenne plus de 90 % des investissements privés au cours des dernières années.

La deuxième analyse inexacte concerne l'évolution des recettes. Il y a parfois tendance à dire que les recettes minières baissent, alors qu'en réalité, elles augmentent. Il s'agit souvent d'un abus de langage pour dire que les recettes minières réalisées au cours d'une année donnée sont en deçà des prévisions budgétaires de cette même année, ce qui correspondrait à une « moins-value » sur les prévisions et non à une « baisse ». En d'autres termes, il s'agirait du fait de ne pas avoir atteint les prévisions de recettes de l'année et non d'une baisse par rapport à celles de l'année précédente. Dans les faits, les recettes minières directes enregistrées dans les comptes publics sont passées de 115 millions de dollars US en 2010 à 397 millions de dollars US en 2019, soit une augmentation de 245 % sur cette période ! Cette évolution ne prend pourtant pas en compte les recettes générées par les sous-traitants miniers dont les contrats n'existent que grâce à l'exploitation minière. La prise en compte de ces achats auprès de sous-traitants, y compris les achats locaux qui ont atteint en moyenne l'équivalent de 90 millions de dollars US par an sur la dernière décennie, montrerait certainement un impact plus important du secteur minier sur les revenus de l'État. L'évolution des revenus directs générés par l'ensemble du secteur au profit de tous les acteurs publics montre une croissance significative des revenus. En effet, les rapports de l'Initiative pour la Transparence dans les Industries Extractives (ITIE), issus d'une évaluation indépendante, montrent que les revenus globaux générés par le secteur extractif ont quasiment doublé entre 2015 et 2018 passant de 293 millions de dollars US à 544 millions de dollars US (dont plus de 60 millions de dollars US payés par les sous-traitants miniers).

Parfois, certains adoptent une approche inexacte au point de comparer les montants payés à l'État par tonne par la Compagnie des Bauxites de Guinée (CBG, installée en 1963 et dont l'État détient 49 % des parts) et ceux payés par d'autres sociétés évoluant sous le régime du Code minier actuel. Par exemple, comparer le montant de 10 dollars payés par tonne par la CBG jusqu'à récemment à celui de 3 dollars payés par tonne par des sociétés nouvellement entrées en activité sous le régime du Code minier est approximatif, voire inexact. Cette confusion est entretenue par l'application de la règle de trois par certains acteurs disant simplement que si une tonne de la CBG produit 10 dollars de revenus pour l'État, une tonne de toute autre société devrait générer 10 dollars. Or, les montants payés par la CBG correspondent en fait aux impôts, aux taxes et aux dividendes payés par une société qui a plus d'un demi-siècle d'existence, avec des investissements amortis depuis bien longtemps. Concernant les dividendes, il faut noter que l'État possède 49 % des parts de cette société. Certains pourraient arguer que l'État devait avoir 49 % des nouvelles sociétés pour percevoir plus de revenus, mais cela imposerait de réviser le Code minier qui plafonne à 15 % les parts non contributives de l'État (autrement appelées abusivement « parts gratuites », ce qu'elles ne sont pas puisqu'elles sont la contrepartie de la mise à disposition de ressources nationales). Ce niveau de participation a été obtenu à l'issue des consultations qui ont abouti à un Code minier manifestement attractif pour l'investissement dans un pays qui en manquait cruellement dans le secteur minier.

Contrairement à certaines suppositions, le processus industriel de la CBG n'est pas à l'origine de l'essentiel de l'écart entre son niveau de paiement et celui des nouvelles sociétés. Dans la comparaison des paiements effectués par la CBG avec ceux des autres sociétés nouvelles, il ne faut pas oublier aussi que, contrairement aux nouvelles sociétés, qui financent elles-mêmes leurs infrastructures, le chemin de fer de la CBG a été construit grâce à un emprunt de 100 millions de dollars (valant aujourd'hui environ 800 millions de dollars) contracté au milieu des années 1960 par l'État guinéen, qui n'a fini de rembourser ce montant qu'en 1992. L'État doit-il s'endetter aujourd'hui à hauteur de centaines de millions pour financer des infrastructures commerciales que des privés veulent financer, au lieu de consacrer ces ressources aux infrastructures socioéconomiques de base ? La réponse me semble évidente.

En dehors des conditions d'investissement de l'époque dans un monde moins capitaliste, l'investissement dans les infrastructures donnait probablement droit à l'État d'avoir ces 49 % de parts de la société. De surcroît, même si l'État avait 49 % des sociétés nouvellement établies, il n'aurait pas ou peu perçu de dividendes ou d'impôts sur les bénéfices pendant les toutes premières années d'exploitation de ces sociétés. Ces sociétés, comme toute nouvelle opération commerciale, font généralement peu ou pas de bénéfices les toutes premières années correspondant à celles d'amortissement des investissements et de montée en puissance. Même dans cette hypothèse de l'État avec 49 % des parts, il se contenterait essentiellement de la taxe minière (qui se trouve justement autour de 3 dollars US par tonne) au début de la production. Il n'est donc pas étonnant que les récents investissements de la CBG dans un projet d'extension de capacité aient mené à une réduction du niveau de revenus de l'État à cause des charges liées à l'amortissement de l'investissement et au remboursement des emprunts. En somme, pendant que la CBG paie ce qui représente des impôts (sur les bénéfices), des taxes minières et des dividendes à la Guinée, les nouvelles sociétés minières ne paient essentiellement que la taxe minière pendant ces premières années.

Cette situation est censée évoluer au fil des années à travers une augmentation progressive des paiements de ces nouvelles sociétés qui, en plus des taxes minières, devraient payer de plus en plus de dividendes et d'impôts sur les bénéfices, se rapprochant progressivement des montants payés par la CBG par tonne. À terme, le niveau des impôts et taxes de ces sociétés par tonne n'atteindrait cependant celui de la CBG que si le niveau de participation de l'État dans ces sociétés est égal aux 49 % dans la CBG, toutes choses égales par ailleurs.

Afin d'éviter toute interprétation erronée de mes propos et analyses, je tiens à préciser que les affirmations et analyses ci-avant ne signifient nullement que j'estime que les sociétés minières anciennes ou nouvelles n'entreprennent aucune action d'évasion et de fraude fiscales, et que ces dernières ne génèrent aucun impôt sur les bénéfices ni de dividendes. Mes analyses s'appuient sur le profil économique et financier des projets et des sociétés, ainsi que sur les observations habituelles de l'évolution de ce profil au cours des toutes premières années. Elles ne sont et ne doivent donc pas être interprétées comme le résultat d'une vérification des comptes des sociétés. En tout état de cause, les montants d'impôts reconnus comme réels/exacts par l'État ne peuvent l'être définitivement que sur la base d'un contrôle fiscal rigoureux en bonne et due forme.

La dernière analyse approximative, voire erronée, sur les revenus miniers concerne la comparaison de la Guinée avec d'autres pays sur la base du pourcentage du PIB que représentent les revenus miniers. Sur ce front aussi, il convient d'être très prudent à ne pas tirer de conclusions hâtives. Deux pays avec les mêmes exploitations minières peuvent avoir une proportion différente des revenus miniers du simple fait que le secteur minier n'a pas la même maturité dans ces deux pays. La période de forte croissance de l'activité minière de la Guinée couvre à peine cinq ans. Peut-on comparer la contribution financière de ce secteur minier à celui d'un pays ayant des exploitations établies depuis plusieurs décennies avec des investissements complètement amortis et des niveaux de participation différents au capital des sociétés minières ?

La comparaison des pays doit aussi être faite avec beaucoup de précautions au regard de la différence entre les types de substances produites respectivement dans ces pays. La contribution financière du secteur minier d'un pays principalement producteur d'or (qui nécessite moins d'infrastructures), ne saurait être comparable à tout moment à celle d'un pays principalement producteur de minerais en vrac (notamment la bauxite et le fer) dont deux tiers des investissements sont dans les infrastructures de transport et d'évacuation. Dans tous les cas, toute comparaison de la Guinée à d'autres pays, ou même de la Guinée à deux époques différentes, qui ne prendrait pas en compte des variables importantes (maturité des exploitations, mix de production, niveau des infrastructures, niveau de recouvrement, etc.) qui déterminent le niveau de contribution financière, est incomplète, voire erronée.

Les négociations menées par la Guinée avec les investisseurs miniers ne sont certainement pas parfaites. Cependant, grâce aux capacités qui se renforcent continuellement depuis plusieurs années et à la rigueur renforcée dans l'approche, le pays obtient des résultats qui méritent d'être appréciés de façon objective. À titre d'exemple, dans les négociations sur les blocs 1 et 2 de Simandou, l'évaluation d'un des plus grands cabinets internationaux dans le domaine a montré que la Guinée a obtenu de meilleurs résultats que les pays de la sous-région ayant des projets comparables. Dans l'évaluation de la répartition des revenus, ces États ont obtenu entre 18,5 % et 39,9 % (avec une moyenne à 30,2 %), contre 45 % pour la Guinée dans le projet Simandou (blocs 1 et 2).

Il faut tout de même reconnaitre que, malgré la croissance des recettes minières, leur niveau est encore insuffisant au regard des besoins et des ambitions du pays. Ces recettes devraient certainement augmenter avec plus d'efficacité dans leur recouvrement qui n'est manifestement pas au plein potentiel sur la base des textes en vigueur (Code minier et conventions). En outre, à moins d'une crise (nationale ou internationale) avec un impact majeur sur le secteur minier, le niveau des revenus de l'État est appelé à forcément croître au moins sur une décennie, au fur et à mesure de l'atteinte du rythme de croisière des exploitations et de la fin des exonérations. Ce niveau croissant des revenus directs et immédiats de l'État est un facteur important dans la contribution des mines au développement du pays. Il en est de même pour l'utilisation des revenus potentiels et futurs de l'État comme levier de financement des infrastructures. Cela est déjà le cas pour l'accord-cadre sino-guinéen, qui est adossé aux revenus futurs. Il peut en être de même pour les montages en partenariat public-privé sur des projets commerciaux ou partiellement commerciaux dans des domaines marchands. Enfin, à l'image d'autres pays, notamment certains à forte et viable activité minière, pétrolière ou gazière, la création d'un fonds souverain pourrait constituer un tournant dans l'utilisation des revenus miniers comme un levier puissant de développement des infrastructures et de l'industrie locale. La nécessité d'une gouvernance garantissant la confiance de tous les partenaires pouvant intervenir dans la mise en place et l'opérationnalisation d'un tel fonds implique une rigueur absolue dans sa structuration, son organisation et son fonctionnement autonome. Le fonds souverain servirait exclusivement à financer les projets prioritaires (sur la base de l'impact financier, économique et social) pour le développement du capital humain et des infrastructures socioéconomiques nécessaires à l'émergence de la Guinée.

11

La recherche géologique : un impératif stratégique, économique, mais aussi environnemental

La Guinée, avec sa réputation de « scandale géologique », dispose d'un potentiel exceptionnel en qualité, en quantité et par la diversité de ses ressources minérales.

Le pays possède les premières réserves mondiales de bauxite, estimées à 40 milliards de tonnes, dont une large partie à forte teneur en alumine, à faible teneur en silice, et disponible presque à fleur de sol. Ces caractéristiques de la bauxite guinéenne la rendent relativement facile à exploiter et moins chère à transformer en alumine.

En plus de la bauxite, la Guinée possède 20 milliards de tonnes de minerai de fer de très bonne qualité (plus de 60 % de teneur en fer), y compris le plus grand gisement de fer de haute qualité (65 % de teneur moyenne) inexploité au monde (Simandou).

Avec un potentiel estimé à 700 tonnes, essentiellement dans le nord-est du pays, le pays dispose d'exploitations industrielles largement en deçà de la qualité et de l'étendue de ses gisements. Alors que Mansa Moussa, empereur du Mali au début du XIVe siècle, réputé être l'homme le plus riche de tous les temps, aurait tiré sa richesse de l'or du Bouré, dans l'actuelle préfecture de Siguiri, la Guinée est le pays aurifère de la région ayant le moins d'exploitations industrielles actives.

Le diamant (réserves estimées à 30 millions de carats), le calcaire (40 millions de tonnes), l'uranium, les métaux de base (75 millions de tonnes) tels que le cuivre, le plomb, le zinc, le cobalt, le manganèse et le nickel, et le sable noir (zircon, rutile, ilménite) complètent ce potentiel unique, qui comprend également le graphite et des terres rares.

Outre les industries lourdes classiques d'aluminium et d'acier, la variété des substances présentes en Guinée permet au pays de jouer un rôle dans les industries émergentes comme celles des technologies de l'information, des batteries, des panneaux solaires, etc.

Malgré ce potentiel exceptionnel, seules quatre substances sont exploitées en Guinée : la bauxite, le fer, l'or et le diamant. Et encore : le fer n'en est qu'à ses premiers balbutiements avec l'entrée progressive en production de la mine de Forécariah. Ce paradoxe s'explique non seulement par la difficulté liée à l'environnement des affaires, longtemps inapproprié pour attirer des investissements massifs pour la mise en exploitation d'autres substances, mais aussi par l'insuffisance des informations géologiques pour assurer une promotion efficace de l'investissement dans le secteur tout en réduisant le risque pour l'investisseur. La recherche minière devait donc être intensifiée et accélérée pour surmonter ce handicap qui limite aussi les capacités de l'État à rationaliser l'exploitation minière en la circonscrivant uniquement aux zones potentiellement riches, et donc à avoir une réduction substantielle des zones d'impact de l'activité minière.

Plusieurs projets de recherche ont été réalisés avant et après l'indépendance, sans pour autant doter le pays d'informations lui permettant d'atteindre les objectifs de développement durable du secteur.

Entre 1960 et 2007, cinq principaux projets de recherche ont été mis en œuvre dont un seul, celui avec Geosurvey, initié en 1979, couvrait l'ensemble du territoire. Le premier portait sur la réalisation d'une cartographie géologique à l'échelle de 1/200 000 par les Russes, couvrant la majeure partie du pays, au cours de la décennie 1960-1970. En 2010, un rapport géologique complet, avec des cartes géologiques et minéralogiques, a été réalisé par M. Mamedov, de Geoprospects Ltd, édité par l'Université d'État de Moscou (Russie).

À partir de 2016, nous avons engagé une relance effective du financement de la recherche. Le Fonds d'Investissement Minier, pour lequel le financement de la recherche est l'un des objectifs principaux, avait jusque-là peu permis d'investir dans la recherche. Il fallait changer cette donne. Le projet le plus complet en termes de couverture territoriale était celui portant sur les levés géophysiques et la réalisation d'une banque de données géospatiales au 1/100 000 sur toute l'étendue du territoire national. Ce projet, qui a été initié en 1979 par la Première République, n'avait pas été achevé plus de trente ans après ! De surcroit, initialement confié à la société allemande Geosurvey Gmbh, il avait fait l'objet de maints rebondissements pour être finalement confié à la société britannique AMTEC à partir de 2004. Comme une légende urbaine, chacun avait son histoire du projet AMTEC, ce qui rendait extrêmement difficile de démêler le vrai du faux. Cela m'a pris plusieurs mois pour comprendre que ce n'était pas un projet fictif et que le secteur en avait effectivement besoin. Une fois convaincu, grâce à la perspicacité de cadres du ministère et à la persévérance de trois décennies de M. Thierno Souleymane Diallo (le chef du projet, que son âme repose en paix), j'ai demandé la remise à plat des deux contrats en cours sur le projet et leur fusion en un seul nouveau contrat, que je devais signer avec le ministre des Finances le 18 janvier 2017.

L'achèvement de ce projet, qui a coûté plus de 7 millions de dollars US, mobilisés entièrement par l'État à travers le ministère des Mines, a permis de doter la Guinée d'une banque de données géospatiales numériques interprétées à l'échelle de 1/100 000 et des données géo-scientifiques permettant de circonscrire les zones d'anomalies potentiellement minéralisées, afin d'approfondir les programmes de recherche sur les métaux de base (nickel, chrome, cobalt, lithium, cuivre, plomb, zinc, étain, terres rares, etc.) et le développement des ressources minérales du pays.

Pour le développement minier, cela permet désormais aux investisseurs d'accéder à de nouvelles données géo-scientifiques (géophysiques, géologiques, minéralogiques, etc.) sur leurs zones de permis, devant leur permettre de circonscrire les zones de recherche et d'exploration, réduisant ainsi les coûts et les délais de recherches. Au-delà des mines, la réalisation d'une banque de données géospatiales actualisées sur l'ensemble du territoire national guinéen permet d'accélérer les projets de développement dans onze secteurs couvrant notamment l'aménagement opérationnel du territoire, le développement des activités agricoles, la gestion et le développement des infrastructures routières, l'organisation et le développement du tourisme, la gestion des bassins-versants, l'urbanisation, etc.

Le projet dit « AMTEC » a permis une avancée notable, mais insuffisante. En parallèle, nous avons donc ouvert plusieurs fronts dans la recherche géologique.

D'abord, la relance de la recherche interne dans l'exploration et la prospection géophysique à l'échelle de 1/25 000 dans la zone nord-est du pays. Le projet pilote, mis en œuvre entre 2018 et 2020, sur une superficie de 500 km^2, et qui a coûté environ un million de dollars US au ministère, a permis de remettre des cadres du ministère sur le terrain (avec une assistance technique externe) dans un projet de recherche mis en œuvre par le ministère pour la première fois depuis plus de deux décennies. À cet effet, des équipements de dernière génération ont été acquis pour l'équipe d'intervention qui a été formée, avec pour objectif de permettre désormais la mise en œuvre de tels projets de recherche entièrement par les cadres guinéens.

Ensuite, en plus des ressources mobilisées par le ministère, l'assistance des partenaires techniques et financiers a été obtenue pour recruter une firme spécialisée dans la recherche. C'est dans ce cadre que l'appui de la Banque mondiale nous a permis de mettre en œuvre, entre 2018 et 2019, le projet de levé géochimique dans les sédiments des ruisseaux au centre-sud de la Guinée, avec pour principale cible les métaux de base (nickel, cobalt, chrome, lithium, manganèse, etc.) et les terres rares. Ce projet, qui a aussi coûté un million de dollars US, a couvert une superficie de plus de 26 400 km^2 dans les préfectures de Kissidougou, Kérouané et Guéckédou.

Les données et informations issues de ces différents travaux de recherches ont été longtemps dispersées entre des entités publiques et privées, locales ou étrangères. C'est pourquoi l'État a créé, en 2018, le Centre de cartographie et d'informations géologiques, au sein du ministère des Mines, afin de collecter, de centraliser et de gérer l'ensemble des données et informations géo-scientifiques du pays.

Toutes ces initiatives, et d'autres de moindre ampleur, ont permis de relancer et de mieux organiser la recherche géologique dans le secteur, dans le but d'améliorer considérablement le niveau de connaissance géologique du pays, afin de planifier l'exploitation des zones strictement prospectives pour une gestion rationnelle et durable de l'environnement, pour la diversification de l'exploitation minière et celle de l'économie, et une meilleure efficacité dans la promotion de l'investissement.

Malgré les progrès réalisés, il y a encore un long chemin à parcourir en termes de mobilisation de ressources financières et de renforcement de capacités techniques, pour atteindre un niveau de connaissances géologiques satisfaisantes. Pour combler le gap de capacités (financières et techniques) de l'État, l'option a été désormais prise d'encourager la conclusion d'accords d'« exploration régionale » avec des sociétés minières. Ces accords, qui portent sur une vaste zone d'exploration, prévoient la rétrocession à l'État de la moitié des périmètres prospectifs découverts. Le premier accord mis en œuvre dans ce cadre a été signé en décembre 2019. Il couvre la région du centre sud du pays (Kérouané, Kissidougou et Guéckédou) et devrait produire des résultats dans un proche avenir.

En plus des projets de recherche géologique proprement dits, le renforcement du dispositif de collecte et de traitement des résultats de recherche des sociétés sur les permis dont elles disposent et l'amélioration des capacités d'analyse des laboratoires géologiques constituent des chantiers dont la réalisation effective permettra d'assurer une amélioration substantielle des connaissances géologiques. Après la rénovation et l'équipement du Laboratoire National de Géologie de Conakry, principalement consacré à la bauxite et au fer, nous avons donc initié le projet de laboratoire de Kankan qui cible essentiellement l'or et les métaux de base. L'objectif est de faire de ce dernier un des meilleurs, sinon le meilleur laboratoire de référence sur l'or dans la sous-région.

La faible connaissance sur les ressources du sous-sol fait que depuis des décennies, des zones non prospectives pour l'exploitation minière sont couvertes par des permis miniers. Cette situation prive le pays d'opportunités de développement d'autres activités économiques sur ces périmètres (tourisme, agriculture, etc.), et entraine un risque environnemental plus élevé. Elle entraine aussi une prise de risque plus élevé pour les investisseurs disposant souvent d'une faible proportion de leurs périmètres effectivement exploitable.

La recherche géologique est donc une problématique à portée globale, largement au-delà de l'enjeu économique lié à l'attraction de l'investissement. Elle est un enjeu fondamental dans la diversification du développement économique afin d'assurer l'objectif de réduction progressive de la dépendance des mines par la libération d'espaces non prospectifs pour l'exploitation minière au profit d'autres secteurs. Elle est, enfin, un enjeu environnemental lié à la réduction de l'empreinte des activités minières, par leur circonscription uniquement aux zones riches en substances minérales. Tout ceci interpelle sur la nécessité d'intensifier le financement des activités de recherche en les abordant avec une perspective globale de développement de l'économie nationale.

12

Des investissements inédits dans un cadre plus propice

Dans un secteur fraichement sorti de la crise d'Ebola, je n'aurais eu aucune excuse par rapport à l'atteinte de l'objectif principal du secteur : attirer des investissements directs étrangers. Heureusement que la période de l'épidémie a été mise à profit par mon prédécesseur pour avancer sur l'agenda des réformes.

Le décollage du secteur minier a longtemps souffert des insuffisances dans sa gouvernance qui érodaient la confiance des investisseurs. La dynamique des réformes en cours était un terreau propice pour l'investissement. Une bonne fondation pour des investissements massifs. Cependant, j'étais aussi conscient que le pays avait raté plusieurs occasions d'un boom minier par le passé, notamment à cause d'un certain manque de compréhension des enjeux et d'une forme de nationalisme naïf au sein de l'administration estimant que la Guinée a les meilleurs gisements au monde et n'avait donc en quelque sorte pas à faire la cour aux investisseurs. Sans avoir à courber l'échine devant qui que ce soit, il s'agissait de faire preuve d'un patriotisme sincère, mais pragmatique dans la défense de nos intérêts, pas d'un nationalisme autiste.

J'ai donc décidé d'adopter la ligne la plus pragmatique possible en saisissant toutes les opportunités immédiates qui étaient conformes aux objectifs à court, moyen et long termes de la politique minière en place. Il s'agissait d'obtenir le maximum possible en évitant que le parfait ne soit l'ennemi du bien. D'éviter que la quête permanente de mégaprojets ne soit pas faite au détriment de projets à taille humaine qui, ensemble, pouvaient constituer déjà l'équivalent d'un ou plusieurs mégaprojets. Dans cette approche pragmatique, les petites entreprises, communément appelées « juniors », étaient presque aussi importantes à nos yeux que les grandes. Nous y allions à fond sur chaque projet, à partir du moment où la crédibilité, les capacités et la volonté de la société à mener le projet proposé, et la qualité de ce projet, étaient établies.

Malgré l'urgence, j'ai choisi de prendre mon temps sur la promotion proprement dite du secteur. Les réformes étaient engagées, mais plusieurs chantiers importants étaient encore inachevés. Et tant que des réformes sont en cours, elles créent une certaine incertitude pour les investisseurs. Dans une telle configuration, certains — les optimistes — décident souvent d'attendre d'avoir les meilleures conditions offertes par les résultats des réformes. D'autres — les pessimistes — décident d'attendre que de pires conditions soient actées pour réclamer le rétablissement ou la confirmation de leurs droits antérieurs avant d'investir.

J'ai donc tout simplement fait comprendre à l'équipe que nous devions nous concentrer d'abord sur l'achèvement des réformes. « On ne peut pas vendre une maison qui n'est pas complètement propre », leur disais-je pour justifier le fait que je limitais mes voyages promotionnels à l'étranger au strict minimum pendant les premiers mois. Il fallait aussi améliorer la gestion des investisseurs déjà présents dans le secteur, parce qu'ils en sont les promoteurs ou prescripteurs les plus crédibles. Un des membres de l'équipe était exclusivement en charge de cette tâche qui lui a pris l'essentiel de sa première année à mes côtés. Et aucun investisseur ne devait être négligé. Surtout pas les plus petits. Si nous pouvions satisfaire les petits investisseurs, nous n'aurions pas de problème avec les gros investisseurs, disposant des ressources et des réseaux nécessaires pour mieux s'en sortir. L'une de mes plus grandes fiertés dans les efforts de mise en confiance des investisseurs concerne un Américain qui avait à peine les moyens d'investir 5 millions de dollars. La première fois que je l'ai vu, au début de l'année 2016, il était au bord de la crise de nerfs avec des difficultés insurmontables sur toute la chaîne de ses opérations au niveau de plusieurs agences de l'État. Il avait presque décidé de quitter la Guinée. J'ai demandé à un collaborateur de le suivre au jour le jour en insistant sur le fait que nous devions absolument le faire rester et prospérer pour que le secteur s'en sorte. À mes yeux, il fallait traiter cette situation presque comme une question de vie ou de mort pour le secteur. Au prix d'un suivi quotidien et d'un accompagnement à toute épreuve, nous avons réussi à sauver son projet au bout de quelques mois. Quatre ans après, sa société avait deux nouveaux projets en Guinée et avait décidé d'investir dans des secteurs en dehors des mines ! Cet investisseur est devenu l'un des meilleurs avocats du secteur minier guinéen et de la défense des réformes engagées par le gouvernement dans l'amélioration du climat des affaires en général.

Au terme du premier semestre de 2016, les principales réformes étaient achevées et nous avions meilleure matière à faire le tour du monde pour présenter les progrès du secteur minier guinéen en étant sûrs que les investisseurs pouvaient immédiatement bénéficier de ces progrès. Déjà, notre participation à la conférence minière Indaba de Cape

Town faisait l'objet d'une attention particulière des investisseurs et autres acteurs du secteur. La salle de la plénière qui accueille les présentations successives des pays n'avait d'yeux que pour la Guinée. Le ministre d'un pays d'Afrique de l'Est qui suivait la Guinée dans l'ordre des présentations a eu la désagréable surprise de se retrouver dans une salle complètement désertée par les spectateurs, qui avaient tous décidé de suivre la délégation guinéenne. Comme des d'abeilles affluant sur une ruche, mes collaborateurs et moi étions envahis de toutes parts. Toutes les sollicitations ne faisaient que nous rendre plus fiers de la dynamique en cours dans le secteur. L'espoir était permis. Mais il y avait encore du chemin à parcourir. Un long chemin. Pour y arriver, il fallait choisir les priorités.

La Guinée n'a jamais exporté commercialement sur la durée que quatre substances : le diamant, l'or, la bauxite et l'alumine. Le fer n'en est qu'à ses débuts à Forécariah. La diversification était une priorité déjà inscrite dans la politique minière du pays. Mais tout en œuvrant à la diversification, il fallait tirer le meilleur potentiel des minerais en cours d'exploitation. Le potentiel du pays et deux évènements récents indiquaient clairement qu'il fallait mettre un focus sur la bauxite : l'entrée en production récente de la Société Minière de Boké, qui avait un montage et un modèle d'opération inédits dans le secteur, et le fait que l'Indonésie avait banni l'exportation de la bauxite brute en 2014.

Dès mes premières rencontres avec les représentants de la Société Minière de Boké (SMB), j'ai compris la portée du choix a priori risqué qu'ils avaient fait d'investir en Guinée sans avoir obtenu de l'État un gisement de qualité ayant des ressources bauxitiques permettant la viabilité de leur exploitation. J'avais bien évidemment conscience que la société était à la recherche d'opportunités de profit.

Cependant, conformément aux exigences financières traditionnelles, les sociétés requièrent toujours d'avoir un gisement dont l'exploitation garantit le retour sur investissement avant d'engager des fonds propres ou empruntés. Le consortium était formé par le consommateur final et les sociétés de logistique terrestre et maritime qui, ensemble, formaient une chaîne complète d'intérêts, garantissant le débouché tout en ayant la plus grande motivation stratégique et financière de produire le maximum de bauxite. Cela était confirmé par les engagements, en termes de quantité de production, que la société était prête à atteindre au bout d'à peine trois ans. Je ne les ai pas crus sur parole sur ce programme qui me paraissait probablement trop ambitieux. J'ai donc exigé qu'ils couchent leurs engagements par écrit, pour éviter tout gel de gisement, comme cela arrive souvent dans le secteur. Ce qui fut fait. Et chaque année, leur production croissait de façon exponentielle jusqu'à être autour de 35 millions de tonnes au terme de la troisième année. La société a pris deux options inédites dans le secteur, pour des investissements importants. Elle a investi avant de demander l'accès aux ressources minières garantissant le retour sur investissement. Elle a choisi d'exploiter sans convention minière, et donc en optant pour l'application complète des dispositions du Code minier. Cela lui permet bien évidemment d'éviter de long mois de négociations qui lui auraient fait perdre des opportunités de marchés. Une convention minière ne fut négociée et signée qu'au moment de l'engagement pour la construction du chemin de fer et de la raffinerie, quelques années plus tard.

En parallèle, nous continuions de réaliser une promotion agressive de l'investissement dans le secteur. Le développement des projets existants s'accélérait aussi au fil des mois. La Guinée passa ainsi au rang de premier exportateur de bauxite en Chine, en atteignant 60, et 70, puis 80 millions de tonnes de production par an, avec en ligne de mire 100 millions de tonnes.

En s'intéressant à la Guinée, les investisseurs réalisaient qu'en plus de disposer de la meilleure bauxite au monde, le pays était plus accueillant envers les investisseurs qui pouvaient tous avoir un traitement plus attentif, transparent et prévisible de leurs dossiers, avec une bonne volonté à tous les niveaux, y compris auprès des plus hautes autorités du pays, tant qu'ils étaient prêts à faire vite et bien.

La fenêtre d'opportunité offerte par le retrait de l'Indonésie du marché de la bauxite brute est loin d'être la seule explication à l'accélération du développement minier en Guinée. Ce retrait a certes offert une opportunité d'exporter, en particulier en Chine, pour remplacer les exportations de ce pays au moment de sa décision d'interdiction des exportations. Mais combien d'opportunités de ce type la Guinée a-t-elle eues avant, sans être en position de les saisir ? Plusieurs, dont la plus importante dans l'histoire récente est certainement le grand boom économique chinois, pendant lequel ce pays a connu des taux de croissance à deux chiffres, entre le début des années 1960 et la fin des années 2000. Pendant cette période, la croissance chinoise était au-dessus de 10 %, à l'exception de quelques rares années (notamment avec la crise de 2008). Malgré la baisse de la croissance au cours des années 2010 (en dessous de 10 %), la Guinée a tout de même profité de l'appétit du marché chinois. L'accélération soutenue sur la durée s'explique plus par la confiance des investisseurs que par une situation simplement conjoncturelle. Sinon, la dynamique se serait vite estompée, dès que la communauté des investisseurs se serait rendu compte que le visage reluisant présenté par le secteur minier guinéen n'était qu'un mirage. Elle se serait arrêtée après le retour de l'Indonésie sur le marché quelques années plus tard. Ça n'a pas été le cas. Bien au contraire.

Pendant que le secteur de la bauxite prenait son envol, nous mettions tous les efforts nécessaires à accrocher le secteur de l'or à cette dynamique. Des efforts de promotion ont été déployés par l'équipe, dans laquelle certains ont passé l'essentiel de leur temps sur le secteur de l'or. Tout en assurant la viabilité d'opérations existantes avec de nouveaux investissements (SAG d'Anglogold à Siguiri, SMD de Nordgold à Dinguiraye), toute l'équipe a travaillé d'arrache-pied pour la relance du projet de Tri-K (Mandiana) qui a été repris par Managem (Maroc), et celui de Kiniéro (repris par la société Sycamore). Un constat frustrant devait changer : la Guinée, qui est dans le vaste bassin du Birimien (avec le Mali, le Burkina, le Ghana et la Côte d'Ivoire), était le seul pays n'ayant que deux exploitations industrielles actives d'or sans perspective immédiate d'en avoir plusieurs autres. Nous avons eu une approche systématique, en identifiant toutes les sociétés crédibles établies dans le secteur mondial d'exploitation de l'or, et engagé une approche individuelle, presque dans un « corps-à-corps » avec chacune d'elles. IamGold, BarrickGold, Newmont, etc. ont toutes été approchées à un moment ou à un autre, pour les attirer en Guinée. Au minimum, nous faisions l'impossible pour leur faire la meilleure impression possible. Le dirigeant d'une d'elles, actuellement présente en Guinée, nous a rapporté plus tard qu'ils ont décidé de venir investir en Guinée, malgré une expérience exécrable qu'il avait vécue par le passé dans le pays, simplement parce que l'approche marketing agressive de la Guinée leur a semblé incitative et inhabituelle dans le secteur minier en Afrique.

Après le boom de la bauxite, les années qui viennent seront probablement celles de l'or, après l'arrivée à maturité des projets engagés au cours des dernières années. Le secteur de l'exploitation industrielle de l'or, comme l'ensemble du secteur minier, a bénéficié de l'impact des réformes réalisées depuis 2011. En outre, la qualité de valeur, refuge que représente l'or en temps de crise (en l'occurrence de la pandémie de Covid-19), a fait croitre le cours de l'or de 25 % entre décembre 2019 et décembre 2020, passant de 1 460 USD à 1 830 USD.

Au-delà de l'effet de l'embellie des cours, la filière aurifère fait l'objet d'un intérêt de plus en plus important vers la Guinée compte tenu de la perception au sein de la communauté des investisseurs d'un faible risque sécuritaire à moyen et long termes contrairement à d'autres pays aurifères de la région faisant malheureusement face à des difficultés sécuritaires. C'est dans ce contexte que la Guinée a une opportunité d'accroitre la production industrielle qui n'est actuellement assurée que par deux sociétés.

Sur la base des projets en cours, impliquant certains acteurs de premier plan, la Guinée pourrait mettre en production plusieurs exploitations industrielles dans les prochaines années :

1. Le projet de la Société des Mines de Mandiana (SMM) filiale du groupe marocain Managem pour un investissement de plus de 200 millions de dollars US avec une production de 120 000 onces par an prévue à partir de juin 2021 dans la préfecture de Mandiana ;
2. Le projet de relance en cours de l'ancienne mine de Kiniéro à Kouroussa par la société britannique Sycamore dans la préfecture de Kouroussa avec un investissement prévu de 176,2 millions de dollars US, prévoyant la production de 42 000 onces par an à partir de 2022, puis 70 000 et 120 000 onces dans les phases suivantes ;
3. Le projet de Hummingbird à Kouroussa, qui prévoit un investissement de 102 millions de dollars US

pour la relance de la mine de Cassidy pour une production envisagée de 40 000 onces par an à partir de 2023 ;

4. Le projet de la société canadienne IamGold (possédant des mines d'or en exploitation au Canada, au Suriname, au Mali et au Burkina) qui a un gisement pouvant avoir le potentiel d'une exploitation industrielle dans la préfecture de Mali, avec une possibilité d'entrer en production dans les cinq-sept ans, sous réserve d'une étude de faisabilité positive ;

5. Le projet de la société Endeavour qui est également dans une phase d'exploration avancée dans la préfecture de Siguiri, avec une possibilité d'entrée en production dans les cinq ans, sous réserve d'une étude de faisabilité positive. Cette société est aussi présente au Burkina Faso et en Côte d'Ivoire.

Ces projets, qui pourraient plus que doubler la production aurifère industrielle dans les cinq prochaines années, sont le fruit des réformes du cadre d'investissement de notre pays et de la confiance affirmée des investisseurs malgré cette période de pandémie de la Covid-19.

Les années à venir seront aussi celles du fer avec le Simandou et le Nimba, ainsi que de nouvelles substances qui ont fait l'objet d'investissements intéressants dans la recherche au cours des dernières années. Cela permettra de faire un pas important dans la diversification de la production minière et accroître durablement la résilience du secteur face aux fluctuations des cours miniers. Il s'agit notamment du graphite, des métaux lourds et des métaux de base. Et bien évidemment du fer, avec le Nimba, dont les instruments de mise en œuvre avec un nouvel investisseur crédible et l'accord opérationnel d'évacuation par le Liberia sont achevés, et le Simandou qui connaîtra certainement un développement avec le *Transguinéen*, en prime, si les tendances du marché se maintiennent et que la gouvernance du secteur se consolide et continue d'être améliorée.

Le maintien de la dynamique passe par la consolidation des réformes réalisées. Ces réformes déjà réalisées montrent clairement le changement opéré dans le secteur, avec une volonté politique claire au plus haut niveau et un appui constant des partenaires techniques et financiers (Banque mondiale, IFC, PNUD, GIZ, etc.) se traduisant par :

- L'adoption d'un Code minier moderne prenant en compte les enjeux de développement responsables du secteur minier, les impacts socioéconomiques et environnementaux et l'équilibre des intérêts entre les investisseurs et l'État ;
- L'adoption d'une Lettre de Politique Minière et l'élaboration du Plan de Développement du Secteur Minier ;
- L'élaboration d'un plan directeur pour mutualiser les infrastructures, afin de réduire les coûts associés aux projets miniers ;
- La création d'un guichet unique dédié aux projets miniers ;
- L'assainissement et la modernisation du cadastre minier (maintenant disponible en ligne : www.guineecadastreminier.org) ;
- La mise en conformité à l'Initiative pour la Transparence dans les Industries Extractives (ITIE), publication des conventions minières sur Internet ;
- La publication de tous les contrats miniers sur le site www.contratsminiersguinee.org ;
- L'adoption d'une politique de Responsabilité Sociétale des Entreprises (RSE) et d'une politique de promotion du contenu local ;
- La mise en place du Fonds de Développement Économique Local (FODEL) et du Fonds National de

Développement Local (FNDL) au profit des collectivités locales.

Les efforts consentis ont permis d'engager des projets d'une valeur totale de 25 milliards de dollars, avec une diversité exceptionnelle des sources de financement (États-Unis, Allemagne, Chine, Émirats arabes unis, Russie, Grande-Bretagne, Afrique du Sud, Australie, Inde, etc.). Outre les sociétés minières, les entités finançant les projets en Guinée comprennent des institutions bi et multilatérales de financement (la Société Financière Internationale (SFI), l'Agence Multilatérale de Garantie des Investissements (Groupe Banque mondiale), l'Agence Allemande de Garantie (UFK), Overseas Private Investment Corporation (OPIC-USA), la Banque Africaine de Développement, Export Développement Canada) et des institutions commerciales parmi les plus exigeantes au monde, telles que la Société Générale, BNP Paribas, Natixis, ING, etc.

Ce tableau mondialement diversifié des investisseurs et prêteurs suggère un certain équilibre des intérêts dans le secteur. Il faut d'abord noter que la ligne politique du gouvernement dans le secteur a été en faveur de la diversification des partenariats. En d'autres termes, tout investisseur crédible porteur d'un projet viable mutuellement bénéfique est bienvenu en Guinée, et en l'occurrence dans le secteur minier. Par ailleurs, il est important de préciser que les chiffres réels de détention des ressources et des niveaux d'investissement contredisent les allégations de quasi-monopole des entités chinoises. Les ressources bauxitiques de l'ensemble des projets impliquant des sociétés chinoises représentent moins du tiers (1/3) des ressources bauxitiques allouées dans le secteur, pendant que leurs investissements dépassent deux tiers (2/3) de l'ensemble des investissements en cours et prévus dans le secteur. Ces ressources détenues par des entités chinoises (moins de cinq milliards de tonnes) sont inférieures à celles de la seule Compagnie des Bauxites de Guinée (près de six milliards de tonnes) dont l'État détient 49 % des parts. Le fait est donc que, avec la moitié des parts de la CBG, l'État guinéen est un des plus grands détenteurs de réserves de bauxite du pays ! Les autres grands gisements connus (hors CBG et sociétés chinoises ensemble) avec un milliard de tonnes ou plus sont détenus par des sociétés australiennes, russes et des Émirats arabes unis démontrant, s'il en était besoin, la diversité dans le contrôle des ressources bauxitiques guinéennes.

Dans le secteur du fer, il y a un certain équilibre des intérêts. Les principaux gisements sont ceux du Simandou (les blocs 1 et 2 et les blocs 3 et 4) et du Nimba. Les blocs 1 et 2 (potentiellement plus d'un milliard de tonnes de fer) sont contrôlés par des intérêts chinois ; les blocs 3 et 4 de Simandou (plus de 2 milliards de tonnes de fer) par l'anglo-australien Rio Tinto en tant que principal actionnaire malgré une minorité importante détenue par des sociétés chinoises ; enfin, le Nimba (potentiellement un milliard de tonnes dont la moitié exploitable du fait des contraintes environnementales) par des intérêts occidentaux. On peut donc dire, sans risque de se tromper, qu'il y a un certain équilibre des intérêts dans le secteur minier guinéen dans son ensemble, même si le nombre d'entreprises chinoises actives dans le secteur de la bauxite peut être trompeur à ce sujet. Au-delà du poids relatif des entreprises de chaque origine dans le secteur, le plus important est le traitement équitable des investisseurs et la qualité des relations avec les entreprises, quel que soit leur pays d'origine. Nous avons fait les meilleurs efforts sur ce front.

Ce qu'il faut retenir pour la Guinée, c'est l'essor du secteur qui a permis un niveau de création d'emplois sans précédent. La croissance exponentielle de la production de bauxite (de moins de 20 à plus de 80 millions de tonnes) a fait passer la Guinée de 8% à 22% de la production mondiale, pendant que le nombre d'exploitations minières triplait. En parallèle, secteur a pu créer des dizaines de milliers d'emplois, permis plus qu'un doublement des revenus miniers directs de l'État et la réalisation d'infrastructures. La Guinée est devenue le porte-flambeau de la vision minière africaine, par le choix porté sur elle pour abriter le siège du Centre Africain de Développement Minier (CADM) en 2018. Le pays a relancé le Symposium Mines Guinée (SMG) qui s'est établi comme l'évènement minier le plus couru en Afrique après la conférence historique d'Indaba, en Afrique du Sud. Ce symposium a accueilli en 2019 plus de 600 délégués et plus de 2 000 visiteurs venus de plus de quarante pays. En 2019, le rapport du très réputé *Frazer Institute* classe le secteur minier du pays 20e au monde et premier en Afrique ! Nous sommes loin des résultats de l'édition de 2015, qui classait le secteur minier guinéen seulement 103e dans le monde et 20e en Afrique en termes d'attractivité pour les investissements.

Tous les acquis du secteur au terme de cette décennie de réformes ont comme principale fondation l'établissement et la consolidation progressive de la confiance entre les investisseurs/préteurs et la Guinée. Cette confiance a mis du temps à s'établir et doit encore se consolider. Mais elle demeure fragile. Elle est difficile à acquérir mais facile à perdre. Un pays dans une phase de transition économique peut passer par des cercles vertueux ou vicieux, jusqu'à atteindre le point de non-retour. Ce n'est pas un hasard si un temps, relativement long, s'écoule entre les réformes et leurs effets positifs sur l'investissement. Quand un État engage des réformes, la communauté des investisseurs commence par observer, s'informer et évaluer la portée et la durabilité des réformes. Puis, les plus audacieux commencent à investir, et les autres suivent. Le pays commence à attirer de plus en plus d'investisseurs et de prêteurs exigeants. Il acquiert ensuite progressivement une fragile bonne réputation. Un cercle vertueux s'ouvre. Au moindre signal négatif majeur, les investisseurs se demandent si les vieux démons ne resurgissent pas. Ce signal peut être un conflit armé, un évènement sociopolitique, une remise en cause des engagements de l'État, une détérioration de la gouvernance, etc. Au moindre acte adverse, les plus frileux ou les moins avancés dans leurs projets commencent à arrêter d'investir ou à se retirer. Puis, suivent les autres. Et le pays entre dans un cercle vicieux qui l'amène à un éternel recommencement. Il faut rester dans le cercle vertueux pendant un temps suffisant pour atteindre le point de non-retour dans le développement du secteur. La Guinée n'y est pas encore. La transformation pour la valeur ajoutée, la diversification pour la résilience et les infrastructures pour l'optimisation des investissements sont autant de défis dans le développement du secteur qui y rendent les progrès fragiles.

13

La transparence comme outil de développement irréversible du secteur

La transparence dans les mines est un des éléments clés de l'amélioration de la gouvernance dans le secteur. Dès 2011, avec l'adoption du nouveau Code minier, la transparence a été placée au cœur de l'agenda des réformes. La publication de l'ensemble des contrats miniers et la mise en conformité de la Guinée avec l'Initiative pour la Transparence dans les Industries Extractives (ITIE) en 2014 ont constitué un changement de cap dans un secteur qui souffrait d'un niveau d'opacité qui ne rassurait ni la population, ni les investisseurs. La publication des contrats miniers en ligne par la Guinée, un des premiers pays africains à prendre cette initiative, peut sembler anodine aujourd'hui. Cependant, cette mesure était courageuse et répondait à une demande populaire qui n'était pas nécessairement vue d'un bon œil par les différents acteurs concernés. J'étais surpris par la crispation de nos interlocuteurs d'un grand groupe international lorsque nous leur avons annoncé que le contrat que nous étions en train de négocier devait être publié en ligne. Cette société, qui applique pourtant des standards appréciés en termes de gouvernance, avait des craintes qui devaient certainement être plus fortes chez des sociétés moins robustes en termes de gouvernance, notamment celles non cotées en Bourse. Je réalisai que la principale crainte portait sur la divulgation d'informations commerciales et stratégiques que les concurrents pouvaient utiliser contre ce groupe. En dépit de ces craintes, nos interlocuteurs, soucieux de préserver la bonne image de la société, ne se sont bien évidemment pas ouvertement opposés à cette contrainte, qui s'imposait de toute façon à tous les miniers dans le pays. Le caractère systématique de la publication des accords miniers permettait d'ailleurs de les rassurer sur la nature équitable de cette mesure qui leur donnait aussi accès au contenu intégral des contrats de leurs concurrents. En tout état de cause, je comprenais bien la difficulté de changer les habitudes en termes de transparence. Si une société, ayant la transparence comme principe de gouvernance depuis des décennies, a des réticences à la publication de ses contrats, qu'en était-il d'agents de l'État qui, pour diverses raisons, se sont longtemps sentis en situation confortable avec l'opacité qui régnait dans le secteur ? Comment tous les groupes d'intérêt agissant dans l'ombre — Dieu sait qu'il y en a dans le secteur — ont réagi à cette initiative ? Dans tous les cas, le processus était devenu irréversible.

Ce caractère irréversible de la transparence contribue significativement à l'irréversibilité des autres réformes. C'est cela, de mon point de vue, l'utilité ultime de la transparence et son principal impact sur le secteur. Beaucoup voient la transparence simplement comme une contrainte dont la levée permet de cocher des cases, comme un sacrifice qui est fait pour bien paraître et gagner des points dans des évaluations de la gouvernance. C'est en réalité un formidable instrument pour rendre les réformes irréversibles. Une fois que les informations sont produites et que les acteurs s'y habituent, toute régression entraîne une réaction spontanée et forte de ces acteurs, contraignant les dirigeants à maintenir le cap. Lorsque nous avons commencé à publier le *Bulletin des statistiques minières* en décembre 2018, certaines sociétés minières étaient très réticentes à fournir les données statistiques demandées, notamment celles relatives à leur production. Quelques trimestres plus tard, les mêmes sociétés s'empressaient à fournir les données et s'impatientaient désormais de recevoir le bulletin pour évaluer leurs performances par rapport à la concurrence.

La transparence n'est donc pas une simple mesure de conformité aux critères de bonne gouvernance. Elle est un véritable instrument de création de la confiance avec tous les acteurs et observateurs du secteur, un instrument clé pour attirer les investissements, un levier puissant d'irréversibilité des réformes. La transparence s'ancre progressivement dans les habitudes des cadres du ministère, jusque dans le traitement quotidien des dossiers par tous les services concernés. Le ministère a embrassé cette réforme et l'a mise en œuvre avec enthousiasme et conviction. Cette conviction et cet engagement ne nous ont toutefois pas fait perdre de vue les risques associés à la forme et à l'étendue des informations à mettre sur la place publique. Comme le disait un ancien dirigeant guinéen : « L'État ne se gère pas sur la place publique ». Il se gère dans la responsabilité. Cette responsabilité exige que le moment et la forme de partage de l'information soient bien choisis pour éviter que l'effet produit par sa divulgation ne remette en cause l'objectif ultime du ministère, qui est le développement minier. Par exemple, lorsque des informations critiques sur le contenu d'une négociation avec une société minière sont divulguées avant la fin de la négociation, cela peut affaiblir la position de négociation de l'État et l'empêcher d'obtenir les résultats visés. Des ajustements dans la stratégie de négociation de la société en face ou des interférences de groupes d'intérêt peuvent dans ce cas nuire aux intérêts de l'État.

Lorsque les conventions sont négociées, elles sont soumises à l'ensemble du gouvernement et au chef de l'État, à travers le Conseil des ministres, puis à l'Assemblée nationale, avant d'être soumises à la Cour constitutionnelle. Ce processus permet aux élus du peuple, en l'occurrence les députés et le Président de la République, et à toutes les institutions habilitées, de se prononcer sur les accords, conformément aux lois en vigueur. L'obligation de transparence dans la diffusion des accords naît après ce processus. Partager les accords avec des tiers avant l'achèvement de ce processus revient à préjuger de l'avis des élus du peuple ou de la Cour constitutionnelle sur lesdits accords. Engager une consultation populaire sur les accords, notamment avec les communautés locales, c'est simplement renier de facto le mandat donné aux élus par les populations, incluant ces mêmes communautés locales. Certains acteurs/observateurs recommandent pourtant d'insérer une consultation populaire à la base dans le processus adoption des contrats en faisant fi de facto des mandats donnés par les populations elles-mêmes.

Par ailleurs, l'État a aussi l'obligation de protéger les informations stratégiques et d'exploitation (opérationnelles, commerciales et financières) des sociétés, sans que cela soit en violation des lois en vigueur. La divulgation de ces informations peut nuire, parfois de façon irréversible, aux activités de ces sociétés et aux intérêts du pays.

Il est donc important pour le ministère des Mines d'éviter absolument le retour à la culture du secret ou de donner quelque prétexte que ce soit aux partisans de l'opacité, en poursuivant sans relâche l'agenda de la transparence. Cela devrait toutefois se faire dans le respect

des institutions nationales et en prenant en compte la nécessité de remplir efficacement la mission de développement du secteur minier.
La transparence, au-delà de ses effets positifs sur les aspects de la gouvernance déjà abordés, est aussi un instrument efficace de lutte contre la corruption. La transparence facilite la détection des actes répréhensibles de par leur caractère inapproprié ou illégal. Elle incite par la même occasion les acteurs à respecter les lois et les procédures. Elle met aussi en alerte tous les responsables qui redoutent ou souhaitent l'analyse, l'interprétation et l'utilisation des informations publiées, par les acteurs et observateurs du secteur. Parmi ces derniers, on peut citer les ONG et la presse qui jouent un rôle capital dans l'utilisation de la transparence dans l'amélioration de la gouvernance. Il faut cependant insister sur la nécessité que ces acteurs et observateurs collectent et traitent effectivement de façon objective les informations rendues publiques. Le constat décevant est que peu d'acteurs, censés utiliser les informations publiques, les exploitent effectivement, même s'ils en savent la disponibilité. J'ai nombre de fois été surpris par certaines analyses ou certains commentaires erronés sur le secteur pendant que les informations correctes sont disponibles dans le domaine public. Peu, y compris ceux concernés par la matière, s'efforcent de lire, ne serait-ce que le Code minier et les conventions minières disponibles sur Internet, malgré les efforts déployés par les équipes du ministère pour mettre à disposition du public plusieurs informations clés.

La transparence, pour servir pleinement à l'amélioration de la gouvernance du secteur, doit permettre un accès effectif à l'information des destinataires principaux de l'information (les populations locales, les médias, les ONG, etc.). À la mesure des interpellations à ce propos, il apparaît que seules les sociétés minières et les organisations internationales utilisent assidûment les sites de publication des contrats miniers. Les sociétés minières les utilisent d'ailleurs fréquemment pour demander des concessions aux négociateurs de l'État au nom de l'équité. Quelques rares ONG nationales, quand elles ont des projets financés à cet effet, semblent aussi s'y intéresser. Par contre, peu de médias et peu d'agents publics semblent exercer leur droit à l'information rendue disponible. Nul ne peut pourtant prétendre avoir une connaissance acceptable du secteur, à plus forte raison être expert, s'il n'a pas au moins connaissance du contenu du Code minier et des conventions qui régissent les activités du secteur. Plus de curiosité, de rigueur et de professionnalisme chez les acteurs nationaux permettraient de faire jouer à la transparence le rôle qui est le sien dans l'amélioration continue et irréversible de la gouvernance dans le secteur.

14

La nécessaire lutte contre la corruption

Au cours de la réunion qui a immédiatement suivi ma prise de fonction, j'ai probablement surpris mes collaborateurs en abordant frontalement le sujet de la corruption dans le secteur. J'ai essayé d'expliquer, en des termes aussi simples que possible, l'impact direct de la corruption sur l'État mais aussi sur leurs vies respectives. En effet, lorsqu'un cadre concède indûment une faveur à un acteur du secteur en contrepartie du paiement d'une somme ou d'une prise d'intérêt, il empêche l'État de faire valoir tous ses droits par la perte future subie auprès de cet acteur ou par la non-réalisation d'un futur investissement compromis par la concession faite à cet investisseur. Ces droits concédés sont une source de revenus pour l'État. Cette perte financière probable que l'État subit est de nature à réduire ses revenus, indispensables pour faire face aux besoins de financement des hôpitaux, des écoles, des routes… et des augmentations de salaire dont chaque fonctionnaire, comme chacun de mes collaborateurs, en tant que Guinéen, aurait bénéficié. C'est donc l'histoire du serpent qui se mord la queue, comme le diraient certains. Je me suis même permis ce jour une digression religieuse faisant référence à la sanction divine à l'encontre des hauts cadres qui finissent souvent leur vie dans le dénuement total après avoir vécu dans une opulence insolente quand ils occupaient des hautes fonctions. Les regards surpris de la majorité d'entre eux se sont progressivement transformés en regards interrogateurs, puis quasiment approbateurs. Qu'ils aient été sincères ou pas, je comptais de toute façon dérouler l'agenda de lutte immédiate et constante contre la corruption dans le secteur. Mon prédécesseur avait fait de son mieux, mais un seul ministre ne suffit certainement pas pour vaincre ce fléau quasiment ancré dans les mœurs quotidiennes, à tous les niveaux de la société.

Le secteur minier est un secteur de grands intérêts financiers. Il est donc, avec les secteurs pétrolier et financier, plus exposé que tout autre secteur à la corruption. Il fallait donc considérer comme une priorité la lutte contre ce mal. En plus des pertes en termes de revenus essentiels pour financer le développement du pays, la corruption altère la crédibilité du système et des acteurs, et crée des distorsions nuisibles à l'investissement. L'équité et la constance dans l'approche et dans les actes sont des éléments clés pour mettre en confiance les investisseurs et les amener à prendre la décision d'investissement. Lorsque l'investisseur soupçonne que d'autres peuvent obtenir indument des faveurs qui le rendent moins compétitif sur le marché, il décide, dans certains cas, de ne pas investir ou, pour beaucoup qui ont moins de scrupules, d'utiliser les mêmes moyens pour contourner les règles. Le résultat serait que seuls les investisseurs prêts à contourner les règles restent, et ils finiraient donc tous par ne pas respecter les règles. Une conséquence est que seuls les rares projets d'un niveau de profitabilité exceptionnelle se développeraient, la majorité des détenteurs de titres miniers se contentant de spéculer, créant une quasi-stagnation du secteur. Une autre conséquence est l'entrée dans le marché d'acteurs ayant des capacités et standards faibles. La lutte contre la corruption n'est donc pas qu'une nécessité morale. Au même titre que la transparence, qui y contribue également, c'est un moyen de garantir le bon développement du secteur.

Conscient que ma réussite à la tête du ministère, qui était une obligation, passait forcément par cette lutte, j'ai adopté un mode de fonctionnement qui garantissait que les décisions prises par le ministère étaient aussi objectives que possible pour éliminer l'effet de biais et de subjectivité créé par la corruption d'un ou plusieurs maillons de la chaîne. Tous les dossiers étaient revus à au moins deux niveaux après le traitement (systématique) par le service technique concerné. À moins d'une collusion générale, il y avait peu de chances qu'une seule personne, y compris moi-même, puisse faire passer une solution allant à l'encontre des intérêts du pays. Cette transparence interne a permis de rendre plus robuste le processus de traitement des dossiers et d'assurer un véritable partage de l'information et son appropriation par les acteurs concernés. La transparence interne est importante pour éviter qu'une mauvaise interprétation des actions et décisions par des cadres du ministère, qui sont les premiers concernés par la mise en œuvre des projets, crée quelque doute que ce soit sur les dossiers.

L'autre approche de lutte contre la corruption était la réduction, autant que possible, des prétextes, avoués ou non, qui pourraient être utilisés pour expliquer les actes de corruption, à défaut de tenter une impossible justification. Mettre fin au financement des missions des cadres du ministère par les sociétés, notamment les missions de contrôle, et assurer leur entière prise en charge par le ministère était un de ces mécanismes. L'autre volet de cette approche concernait la juste dotation de tous les services d'équipements et de moyens de fonctionnement, dans la mesure du possible. Enfin, les besoins collectifs du personnel, notamment pour le transport, ont été traités avec attention pour s'assurer que les plus pauvres (n'ayant pas de moyens de déplacement) bénéficiaient de la disponibilité des bus à titre gratuit.

La corruption survient quand l'opportunité est offerte par le corrupteur à une personne qui cède à la tentation ainsi créée. Nous avons donc mis en place un autre mécanisme qui réduisait l'occurrence de « l'opportunité de corruption » en limitant les interférences dans les affaires entre privés. Quand un acteur privé cherchait un partenaire privé pour acheter de la bauxite ou de l'or, nous nous contentions de lui fournir la liste et les contacts des sociétés correspondant à sa demande, en insistant sur le fait qu'il n'avait pas de comptes à rendre sur l'issue de leurs négociations, qui étaient libres tant qu'elles s'inscrivaient dans le cadre de la loi. Le ministère n'ayant pour rôle que d'approuver la transaction si la loi l'exigeait, comme dans le cas d'un transfert d'actions. La même attitude était observée dans le cas des conflits entre acteurs privés. Tant qu'aucune partie n'avait violé la règlementation, le rôle du ministère consistait à faciliter la discussion et s'assurer que le projet minier n'était pas affecté, les acteurs privés étant libres d'activer les clauses de résolution des différends figurant dans leurs accords ou d'ester en justice conformément au droit.

Tous ces mécanismes peuvent avoir leur effet. Mais le mécanisme le plus dissuasif dans la lutte contre la corruption est la sanction. Je me suis assuré que les premiers cas avérés de corruption soient traités avec fermeté pour donner l'exemple. Un chef de service qui a eu l'imprudence de se faire payer par une société par chèque a immédiatement subi, malgré de multiples interventions, les sanctions qui s'imposaient, avec diffusion de la décision au sein du ministère. Comme dans les cas d'indiscipline ou d'insubordination, le traitement des premiers cas a permis d'envoyer un signal clair sur ma position.

Les actes de corruption sont impossibles à cacher pour toujours, en particulier dans le secteur minier où tout le monde parle de tout le monde à tout le monde. Montrer l'exemple et donner systématiquement un signal positif et clair aide, mais la réputation que les acteurs véhiculent dans les différents milieux est le véritable baromètre du niveau de corruption. Les témoignages de certains investisseurs sur la baisse du niveau de corruption dans le secteur des mines en Guinée ont fortement aidé à établir une réputation pour le ministère et donner confiance aux investisseurs. Les permis auraient été achetés — alors que le permis de recherche est gratuit en Guinée — par les investisseurs dans un passé pas très lointain. Un investisseur qui s'arrogeait les droits du prince dans la violation des règles a longtemps résisté à entrer dans les rangs parce qu'il pensait, disait-il plus tard, que certaines pratiques douteuses qui prévalaient dans le secteur avaient encore cours et croyait donc que nous lui rendions la vie dure pour obtenir une compensation. Les conditions rocambolesques d'obtention de son permis étaient de nature à donner des sueurs froides. Comme cet investisseur, beaucoup cherchaient à voir le ministre pour être recommandés pour un permis auprès des services techniques. Après insistance de notre part sur l'application, désormais, du principe de « premier arrivé premier servi » sur les zones libres, ils se résolvaient à suivre la procédure normale (qui était pourtant ostensiblement affichée dans nos locaux et sur nos sites) pour finalement se rendre compte qu'ils n'avaient fait que perdre leur temps à essayer de voir le ministre.

Mon prédécesseur, reconnu pour sa rigueur, semblait avoir fait sa part du travail. Je devais faire ma part et m'assurer que mon successeur n'aurait pas de difficulté à faire la sienne aussi. Pour réussir à complètement éradiquer le fléau, il faut une savante combinaison de mesures incitatives et coercitives. Les mesures incitatives portent sur l'amélioration des conditions de vie et de travail des fonctionnaires. Le ministère a fait de son mieux dans l'amélioration des conditions de travail, et même de vie des cadres, dans la mesure du possible. Les équipements, l'appui pour le fonctionnement des services et les missions très fréquentes des cadres ont contribué à cela. Beaucoup de cadres ont consenti des efforts pour suivre la ligne tracée, en faisant preuve d'engagement patriotique et responsable. L'État, dans sa globalité, doit assumer sa responsabilité dans la création des conditions minimales de travail et décentes de vie pour ses travailleurs.

Nous avons connu des avancées dans la lutte. Mais le travail doit se poursuivre, parce que tant que les ressorts de l'opportunité et de la tentation ne seront pas cassés, le mal profitera des failles du « système » pour prospérer. Ce « système » qui est la véritable gangrène qui rend peu ou pas efficace toute action isolée et commande une approche globale multisectorielle.

« Tout homme a un prix ». C'est ce qu'on entend souvent de personnes qui trouvent ainsi l'excuse pour soutenir que la corruption serait comme une fatalité à laquelle toute personne finit par se plier. Même si la perfection ne peut être effectivement atteinte, aucune excuse ne peut justifier valablement la corruption, en particulier celle à grande échelle qui s'inscrit dans une logique d'enrichissement aux frais de l'État. Tout système qui ne combat pas la corruption avec les moyens nécessaires ne permet pas la prospérité. La corruption a une prime et un coût. Le système doit s'assurer qu'en tout temps, le coût de l'entreprise de corruption est largement supérieur à la prime que les protagonistes (le corrupteur et le corrompu) en tirent. La forte probabilité, l'équité et la rigueur de la sanction sont certainement la clé pour y réussir.

15.

L'impact environnemental et social : l'un des plus grands défis

Lors d'une visite du site de Simandou en 2014, à Beyla, je fus impressionné par deux choses : la pureté des échantillons du minerai et la verdure extraordinaire du paysage magnifique de cette montagne. Dès notre retour à Conakry, un autre membre de l'équipe de relance de Simandou, dont je faisais partie, me demanda mes impressions après avoir vu les sites du projet sur lequel nous passions autant de temps à travailler dans les bureaux. Il fut évidemment choqué qu'au lieu de parler du minerai de fer d'une teneur exceptionnelle, je me plaignais que nous soyons obligés de détruire un si beau paysage pour les besoins de notre développement. Je ne remettais nullement en cause le choix de développement de ce projet, dont les impacts, en termes de développement socioéconomique, compenseraient les pertes environnementales qui devaient par ailleurs être mitigées par la société. Mes sentiments, somme toute légitimes, auraient été plus pertinents si la Guinée était à un stade nettement plus avancé de son développement, avec des alternatives immédiates en termes d'opportunités.

Mes instincts de préservation rejaillirent aussi quand, à ma prise de fonction, on me présenta la carte du pays avec les permis miniers actifs. « Mais où vivent les populations s'il y a des permis sur toutes ces parties du territoire ? » demandai-je, en voyant la densité des permis d'or, au directeur qui ne savait que répondre.

Tout le long de ma présence à la tête du ministère, je me suis intéressé aux questions d'impact environnemental et social plus par instinct et penchant personnel, avec sincérité, que simplement par devoir. Au fil des années, cette problématique a connu une importance croissante au rythme d'accélération du développement des projets. Nous avons donc été de plus en plus préoccupés par le conflit permanent entre la nécessité de développement socioéconomique et celle de préservation de l'environnement et de limitation des impacts sociaux.

Le Code minier, le Code de l'environnement assignent aux sociétés l'obligation de réalisation d'Études d'Impact Environnemental et Social (EIES) assortie d'un Plan de Gestion Environnementale et Sociale (PGES). L'objectif de ce processus est l'identification, l'évaluation et l'adoption d'actions permettant de compenser les impacts négatifs des activités minières sur les communautés. Il se fonde sur le principe de consultations à la base et de revue et de validation par les autorités compétentes, en l'occurrence le Bureau Guinéen d'Études et d'Évaluations Environnementales (BGEEE) du ministère en charge de l'Environnement. Aucun permis d'exploitation n'est octroyé sans le quitus du ministère de l'Environnement sur ce processus, après la validation des documents. Malgré les insuffisances encore existantes, le dispositif de suivi et de contrôle s'améliore progressivement par le renforcement de capacités du Bureau Guinéen d'Études et d'Évaluation Environnementale (BGEEE).

La Guinée a connu des progrès notables sur la formalisation de processus au cours des dernières années, y compris par l'adoption d'un nouveau Code de l'environnement, en 2019, et de directives précises sur la mise en œuvre dudit processus. En parallèle, le BGEEE a bénéficié de renforcement de capacités, notamment avec l'appui de la Banque mondiale. Il est toutefois important de reconnaître que la mise en œuvre effective des textes a toujours été insuffisante, en l'occurrence, pour ce qui concerne le suivi de la mise en œuvre effective des PGES permettant de compenser les impacts au fur et à mesure de la mise en œuvre du projet.

C'est pour réduire ce déficit que, dans le cadre de la gestion du risque environnemental et social, une étude stratégique sur les impacts environnementaux et sociaux a été réalisée, avec l'appui de la Banque mondiale, ainsi qu'une évaluation indépendante de la mise en œuvre des Plans de Gestion Environnementale et Sociale (PGES).

Cette évaluation de la mise en œuvre des PGES par les entreprises minières de Guinée, qui a été réalisée par une firme internationale, s'est déroulée entre octobre 2017 et mai 2018. Même si l'initiative d'une telle évaluation revenait au ministère en charge de l'Environnement, du fait de notre préoccupation réelle pour la maîtrise des risques environnementaux et sociaux, elle a été initiée et financée sur fonds propres par le ministère des Mines. Cependant, nous avons concédé la direction de la mise en œuvre de l'évaluation au ministère de l'Environnement qui en a la responsabilité institutionnelle. L'évaluation a couvert les neuf sociétés en phase d'exploitation ou de développement avancé à l'époque. Les objectifs de l'étude étaient de :

- évaluer le respect des procédures légales d'évaluation et de gestion environnementales (EIES, PGES) ;
- évaluer le niveau de mise en œuvre effective des PGES ;

- estimer les impacts résiduels sur les milieux biophysique et humain ;
- estimer le niveau de suivi et d'évaluation développés par les services de l'État ;
- proposer des mesures d'amélioration.

Grâce à cette initiative, nous avons pu obtenir une base de suivi objectif de la gestion des impacts, qui a été mise à la disposition du ministère de l'Environnement. De notre côté, nous avons pris soin que toutes les sociétés soient interpellées sur les insuffisances les concernant et avons suivi, dans la limite de nos capacités, la mise en œuvre des recommandations. En parallèle, plusieurs missions ont été organisées avec le ministère de l'Environnement pour répondre à des nuisances et autres actes nocifs pour l'environnement rapportés par diverses sources.

Cette collaboration avec les services de l'Environnement a permis de créer une meilleure attention autour des questions environnementales, et d'améliorer, au fil des années, la gestion des impacts, notamment en ce qui concerne la gestion de la poussière dans la région de Boké, qui a fait l'objet de réalisation d'infrastructures et d'adoption de nouvelles approches de gestion des émissions. L'aménagement de 17 km de route pavée, le renforcement du parc des camions-citernes destinés à l'arrosage, et l'utilisation de nouvelles procédures (limitation de vitesse) et de produits spéciaux sur certaines routes minières, pour limiter l'émission de poussière, sont certaines actions qui ont été entreprises à cet effet. L'État a aussi initié le projet de construction de la route de contournement de Boké pour réduire les nuisances subies par les populations. Certaines sociétés ont même entièrement repris leur Plan de Gestion Environnementale et Sociale en réponse à toutes les actions que nous avons menées. En tout état de cause, la réalisation d'infrastructures ferroviaires, notamment le chemin de fer de 125 km en cours de construction entre Santou (Boffa) et Dapilon (Boké), devrait réduire significativement le risque d'émission de poussière par les camions miniers dans la région, sur les routes minières. Cette mutation, bénéfique pour la réduction des nuisances, et sur le plan économique, entraîne cependant la nécessité d'une prise en charge effective de l'impact des changements de modèle de transport sur les opportunités économiques dans le transport, notamment la nature des emplois.

L'autre problématique qui a retenu notre attention est celle des compensations des populations impactées. Le manque de cadre normatif dans ce domaine est une des lacunes que nous nous sommes attelés à combler. À cet effet, un référentiel pour la compensation et la réinstallation des populations impactées par les projets miniers est en cours de finalisation. Ce document a mis plus d'un an à être finalisé à cause du choix — pertinent — fait par le gouvernement d'adopter un processus pleinement inclusif dans son élaboration. La mise en œuvre permettra de gérer, dans le cadre d'une approche durable, les compensations des populations impactées. Le recours exclusif à compensation financière, dans certains cas, a largement montré ses limites. Ces compensations financières tendent à créer des distorsions socioéconomiques dans les communautés, et le basculement, à terme, des bénéficiaires dans la précarité, par l'abandon de leurs activités traditionnelles de subsistance couplé avec l'utilisation des fonds qu'ils perçoivent dans des activités qui ne remplacent pas durablement ces activités traditionnelles.

La gestion de l'impact environnemental et social constitue, avec celle de l'impact économique, le plus grand défi du secteur minier guinéen pour les années à venir. La politique minière vise, non seulement une exploitation responsable des ressources naturelles, mais aussi et surtout l'indépendance progressive de l'économie du pays vis-à-vis du secteur minier. Les mines constituent la meilleure opportunité immédiate de développement de la Guinée, son meilleur levier de développement intégré. Pour y réussir, la poursuite des efforts de gestion des impacts est nécessaire.

Il est vrai que l'impact physique des mines est l'un des plus spectaculaires alors que l'exploitation minière proprement dite couvre moins de 6 % du territoire national. Malgré cette proportion relativement limitée d'occupation des terres, il est apparu au fil des années une expansion continue de la superficie totale couverte par les permis de bauxite du fait des demandes incessantes sur des périmètres vierges. Pour freiner cette tendance nuisible à l'agenda de protection de l'environnement, alors que nous avions déjà assez de permis de bauxite octroyés pour l'atteinte des objectifs de production et de transformation, j'ai pris un arrêté de suspension de l'octroi des permis d'exploration de bauxite sur des périmètres vierges.

Au-delà de la nécessité de préservation du capital naturel du pays, l'objectif est aussi de donner les meilleures chances de réussite à la politique minière en cours, en assurant une cohabitation paisible et fructueuse entre les sociétés minières et les communautés qui abritent leurs opérations. La mise en œuvre efficace du Projet de Gestion des Ressources Naturelles Minières et Environnementales (PGRNME), de 65 millions de dollars US, avec l'appui de la Banque mondiale, pour le renforcement des capacités et la gestion des impacts, contribuera significativement à cette dynamique.

16

L'orpaillage : une opportunité à risques

Si les exploitations industrielles engendrent des risques sur le plan environnemental et social, l'exploitation artisanale de l'or crée de plus en plus de tensions sociales et de pression sur l'environnement. La vision des paysages quasi lunaires dans certaines localités et la pollution évidente de certains cours d'eau ont produit un choc chez tous. Dès ma prise de fonction en janvier 2016, j'ai envoyé une mission secrète dans les zones d'orpaillage pour m'enquérir des réalités de cette activité. Au-delà des dégâts environnementaux et sociaux connus de tous, la conclusion la plus surprenante de cette mission fut le niveau d'organisation et de complicité de tous les acteurs locaux, dans cette économie parallèle qui implique plusieurs centaines de milliers de personnes. Le poids social et économique de l'activité commandait une réforme permettant de rendre cette exploitation plus responsable sur le plan environnemental et social. Nous avons donc immédiatement initié des consultations avec l'Union Nationale des Orpailleurs de Guinée (UNOG) pour engager la réforme.

C'est dans ce cadre que la Journée nationale des orpailleurs a été organisée à Kankan le 6 février 2017.

Plusieurs missions de consultations et de sensibilisation ont eu lieu dans les préfectures de la région au cours des mois qui ont précédé cette journée nationale. Ces missions avaient pour objectif de faire un diagnostic du secteur, expliquer l'esprit de la réforme qui vise l'amélioration des pratiques en cours, appliquer l'approche participative qui devait prévaloir dans la réforme afin de prendre en compte les préoccupations et l'expérience des acteurs du secteur. Ces consultations et l'accompagnement de l'Artisanal Gold Council et d'autres d'experts mobilisés avec l'appui de la Banque mondiale nous ont permis de définir une feuille de route pour la réforme du secteur.

Cette feuille de route adoptée reposait sur des actions essentielles pour la réorganisation de l'activité d'orpaillage :

- La recherche de *couloirs réservés à l'exploitation artisanale* en relation avec les orpailleurs et leur mise à la disposition des orpailleurs. L'une des difficultés fondamentales pour l'orpaillage est en effet l'insuffisance de périmètres réservés, rendant l'exercice de l'activité séculaire non règlementée, voire illégale. C'est donc tout naturellement que les périmètres ont donc été progressivement réservés dans les préfectures à forte activité artisanale ;
- La *fixation des règles d'exploitation artisanale* prenant notamment en compte les types d'équipements utilisables, la réhabilitation des sites, l'interdiction du travail des mineurs, les méthodes d'exploitation sécurisée, la non-utilisation des produits chimiques, etc. ;
- La mise en place par préfecture d'une *équipe d'encadrement technique* à vocation d'orpaillage, formée, équipée et dédiée à l'administration, au suivi et au contrôle des activités du secteur afin d'assurer le respect des textes régissant l'exploitation artisanale ;

- Le *recensement des acteurs* évoluant dans l'orpaillage pour une meilleure identification et un meilleur encadrement de ces acteurs par catégorie professionnelle ;
- La *sensibilisation et la formalisation des acteurs* en groupements d'intérêt économique ;
- La *facilitation, l'accompagnement et la mise en relation d'affaires avec des partenaires* désireux d'apporter les moyens financiers et techniques dans le respect des protocoles et de la gouvernance définis et acceptés par les parties sous la supervision du ministère des Mines et de la Géologie.

Malgré ce schéma a priori robuste, nous avons très vite réalisé l'ampleur des défis dans la faisabilité pratique des solutions préconisées. Trouver un modèle qui a déjà fait ses preuves à une grande échelle était le principal défi pour tous les pays dans lesquels l'exploitation artisanale existait. La Guinée ne faisait pas exception. Nous avons donc décidé d'ouvrir plusieurs projets pilotes dont les expériences seraient capitalisées pour aboutir à un modèle fournissant des garanties, notamment en termes de rentabilité pour les orpailleurs, de sécurité des intervenants, de protection de l'environnement. Un des projets a été monté avec un partenaire privé qui a choisi un schéma de partage de production semblant satisfaire toutes les parties. Malheureusement, ce schéma a souffert des difficultés techniques et des prétentions financières abusives de certains acteurs. Un autre projet a, en parallèle, été mis en place avec la coopération allemande (GIZ) qui a mobilisé des équipements et de l'assistance technique. Outre les problèmes de rentabilité, ce schéma a particulièrement souffert de la mésentente entre les membres des groupements et de leur défaillance dans le respect de leurs engagements. Un troisième modèle a été engagé avec une société minière prévoyant de sortir les activités artisanales de ses zones d'exploitation active. Trois ans plus tard, cette initiative n'avait encore pas donné les résultats escomptés.

En tout état de cause, les progrès enregistrés par les différents modèles expérimentés n'ont pas, après plusieurs années, permis d'aboutir à un modèle répondant aux attentes des différentes parties. Plusieurs facteurs expliquent cette situation, à commencer par des difficultés techniques internes au ministère ne permettant pas d'avancer de façon maîtrisée vers un modèle qui donne toutes les garanties. Une de nos erreurs a été la sous-évaluation des ressources techniques et financières nécessaires pour s'assurer de la richesse du périmètre pour garantir la rentabilité. Un programme pilote de recherche géologique interne a été engagé pour disposer d'un schéma permettant de pallier cette insuffisance, même si la mise à l'échelle nécessitera des ressources financières dont le ministère ne dispose pas dans la situation actuelle.

Par ailleurs, trois années de bataille interne de leadership au sein de l'UNOG ont aussi retardé le déroulement de l'agenda des réformes de l'orpaillage. Cette bataille ouverte en 2018 n'a trouvé son épilogue qu'en août 2020 avec l'élection d'un nouveau bureau national de l'UNOG. Pendant ce temps, l'équipe transitoire mise en place avait pour seul mandat d'organiser des élections. Nous n'avions donc pas les interlocuteurs légitimes pour avancer sur la réforme.

Une autre difficulté de la réforme de l'orpaillage est l'incompréhension par les parties les plus actives de la substance même de la réforme. Les acteurs, défendant les intérêts des orpailleurs, ne sont pas eux-mêmes de véritables orpailleurs dans leur majorité. La chaîne commerciale de l'exploitation artisanale commence par les artisans miniers (orpailleurs) dans les mines, qui vendent aux balanciers (disposant de balances de pesage de petites quantités). Ces balanciers vendent aux collecteurs qui vendent, à leur tour, aux détenteurs de comptoirs. Ces derniers sont les seuls qui sont habilités à exporter l'or vers leurs clients à l'étranger. Il se trouve que la plupart des acteurs dominant les organisations sont des collecteurs ou des détenteurs de comptoirs, donc des acteurs au bout de la chaîne de commercialisation. Ces intervenants qui sont les plus actifs ne défendent pas forcément les intérêts de tous les acteurs de la chaine, en particulier ceux en amont (ceux travaillant effectivement dans la mine). C'est comme si les ouvriers étaient défendus par leurs patrons puisqu'en réalité, les collecteurs et propriétaires des comptoirs participent au préfinancement et à l'organisation de l'activité à la base. Le conflit d'intérêts fait donc que les profits des acteurs en aval sont souvent plus défendus que ceux des acteurs en amont qui sont les véritables cibles de la réforme. Cette situation crée des tensions dans les négociations avec les représentants de l'UNOG et une certaine déconnexion entre les préoccupations des interlocuteurs en face de l'État et les réalités du terrain.

En outre, ceux parmi les « orpailleurs », qui veulent s'engager dans l'exploitation minière, ne souhaitent, en vérité, dans leur majorité, pas le faire selon les modalités prévues par les textes en vigueur. Ils ne souhaitent exploiter ni de façon artisanale proprement dite ni en suivant le schéma semi-industriel prévu pour les petites exploitations mécanisées. Ils souhaitent bénéficier des avantages de l'orpaillage appliqués à une exploitation mécanisée, les dispensant des études techniques, commerciales, environnementales et sociales requises.

Le dernier écueil, et non des moindres, concerne les complicités locales dans l'ouverture de mines dites artisanales qui, dans les faits, sont généralement des exploitations mécanisées sauvages ou des exploitations sauvages de mines de fortune. Les efforts se heurtent souvent à la complicité à différents niveaux qui bénéficient des revenus de ces exploitations ayant un impact néfaste direct sur la santé, sur l'environnement et, pire encore, sur des mineurs qui perdent souvent leur vie dans des galeries construites et exploitées en violation de toute règle basique de sécurité. Les méthodes traditionnelles, séculaires, d'exploitation artisanale ont laissé place à une exploitation de masse impliquant l'utilisation de produits chimiques avec de nouvelles techniques dangereuses importées de l'étranger. À cela s'ajoute l'usage illicite de produits médicaux et stupéfiants qui devient un fléau dans les communautés abritant les mines artisanales.

Ce tableau apparemment sombre n'est cependant pas une fatalité. La mise en place du nouveau bureau exécutif national de l'UNOG, qui semble très volontaire à avancer sur le recensement des orpailleurs, pourrait faire aboutir cette initiative qui ne peut convenablement se faire que dans le cadre d'une chaîne organisée de la base au sommet. Pour y arriver, il faudra certainement que les membres du nouveau bureau prennent en compte les intérêts des acteurs de toute la chaîne, notamment ceux des orpailleurs à la base. Aussi, les leçons tirées des projets pilotes permettront d'espérer des avancées dans la réforme du secteur de l'exploitation artisanale de l'or dans les prochaines années à travers l'identification d'un modèle profitable et responsable pouvant être généralisé à l'échelle nationale. La réservation effective des périmètres d'orpaillage et la parcellisation dans certaines localités sont un acquis, comme l'est la mise en place d'équipes d'encadrement effectivement fonctionnelles dans des localités.

Toutefois, il y aura probablement besoin de ressources financières exceptionnelles pour appuyer les réformes, notamment dans la recherche géologique et l'accompagnement dans l'acquisition des équipements de base. Ces ressources pourraient être générées par le rétablissement de la taxe à l'exportation de l'or artisanal dont les revenus peuvent être directement affectés à un fonds de promotion de l'exploitation minière artisanale responsable. Ce schéma, dont tous les contours et le mécanisme de mise en œuvre doivent être minutieusement examinés au préalable, pourrait avoir l'avantage de faciliter la mobilisation des ressources nouvelles en lien direct avec l'exploitation artisanale. Le fonds financerait non seulement la modernisation du secteur artisanal, mais aussi la mutation des groupements vers des exploitations semi-industrielles tel que prévu dans le Code minier.

En parallèle, la sensibilisation devra être poursuivie avec un accompagnement des acteurs pour un choix au profit des exploitations autorisées, notamment l'exploitation semi-industrielle qui peut faire l'objet d'un partenariat avec des bureaux d'experts locaux pour l'appui dans les études. Aussi, la réforme pourrait concerner l'examen de la faisabilité (technique, environnemental et sécuritaire) et de la pertinence de l'introduction d'un modèle de petite mine (mécanisée) entre l'exploitation artisanale classique et l'exploitation semi-industrielle, tout en évitant une simple légalisation des exploitations mécanisées illégales actuelles qui ne répondent pas aux normes minimales en termes de sécurité, et de gestion de l'impact environnemental et social.

Enfin, pour contenir les complicités dans les exploitations sauvages, en plus des sanctions administratives et judiciaires, une partie des ressources du Fonds de Développement Économique Local (FODEL) pourrait être investie dans l'accompagnement de la reconversion des acteurs dans d'autres activités génératrices de revenus (notamment dans l'agriculture).

Le FODEL pourrait également supporter des actions locales de protection de l'environnement et d'assistance technique aux orpailleurs à travers la décision d'affectation prise par les collectivités.

Parallèlement à l'exploitation industrielle, l'exploitation artisanale constitue, avec l'agriculture, l'activité économique principale d'une bonne partie des populations actives dans plusieurs préfectures. La population d'orpailleurs en Guinée est estimée à plus de 200 000 personnes. En plus des emplois qu'il crée, l'orpaillage est une source de devises pour la Guinée, et donc de stabilité pour la monnaie nationale, sans compter les effets économiques induits. Au-delà de ses impacts (positifs et négatifs) sur la vie des communautés, l'orpaillage est, comme d'autres activités donnant lieu à des interactions avec les sociétés minières, une source de tensions et de conflits avec ces dernières, à cause de l'envahissement des concessions minières par les orpailleurs. La bonne cohabitation entre les orpailleurs et les sociétés, et plus généralement celle entre les communautés et les sociétés, demeure un enjeu majeur du secteur qui mérite une attention particulière.

17

Les relations entre les sociétés minières et les communautés

La qualité des relations entre les sociétés minières et les communautés des localités les abritant est un élément essentiel pour la réussite durable du développement minier.

Les défis à ce niveau concernent non seulement le respect des obligations incombant aux sociétés, ainsi que les actions qu'elles entreprennent dans le cadre de la Responsabilité Sociétale des Entreprises (RSE), mais aussi et surtout la bonne gestion des attentes des populations de ces localités.

La Guinée est l'un des rares pays africains à avoir formalisé, en 2017, sa politique de RSE dans le secteur minier. Cette politique reprend les bonnes pratiques en la matière dans tous les aspects de la RSE. La RSE fait référence aux actions obligatoires et volontaires qu'entreprennent les sociétés, dans un esprit d'entreprise « citoyenne », pour une gestion efficace et responsable des activités et impacts environnementaux, sociaux et économiques, au profit d'une exploitation durable. Elle permet aussi à l'entreprise d'obtenir ce qui est appelé dans le jargon de l'industrie « la licence sociale » d'opérer.

Dans de nombreux cas, les sociétés disposent elles-mêmes d'une politique interne de Responsabilité Sociétale des Entreprises (RSE), notamment au sein des sociétés multinationales, qui bénéficient d'un système de gouvernance robuste à cet effet. Dans ce cadre, elles disposent d'un budget annuel d'intervention pour le financement des projets communautaires généralement convenus avec les représentants des communautés. Ces projets peuvent porter sur des activités sociales telles que la construction d'un centre de santé, d'une école, de forages, etc., la réalisation de campagnes sanitaires ou des activités économiques d'autonomisation des jeunes et des femmes. En cas de catastrophes, les sociétés peuvent aussi réaliser des interventions d'urgence non planifiées. Toutes ces interventions sont volontaires et n'entrent pas dans les obligations de ces sociétés au regard de la loi.

Malgré les efforts fournis par tous les acteurs concernés, il est fréquent que des tensions naissent entre les sociétés et les communautés locales. Certaines de ces tensions virent parfois au drame avec des pertes matérielles, voire en vies humaines dans de rares cas.

Le temps que j'ai passé à la tête du ministère des Mines m'a permis de constater à quel point les relations entre une société minière et la communauté locale voisine sont fragiles. Combien la paix peut être précaire. Cette précarité peut encore être accentuée par un boom minier auquel aucun des acteurs n'est suffisamment préparé. Qu'il s'agisse de l'État, dont les capacités sont mises à rude épreuve et mettent du temps à s'ajuster à plus de demandes de médiation, ou des sociétés qui, absorbées par leurs contraintes de délais et de budget, ne prêtent pas suffisamment attention aux mécontentements couvant autour. Qu'il s'agisse des communautés elles-mêmes qui, fondant tous les espoirs sur le balai et le vrombissement des engins dans leur localité si calme habituellement, sont partagées entre cet espoir et la déception que tous leurs problèmes d'emplois, de revenus, d'infrastructures socioéconomiques ne s'évanouissent pas du jour au lendemain.

Cette situation précaire, et même délétère, se transforme en crise ponctuée de menaces, d'actes de blocages et même d'attaques regrettables, dans de nombreux cas.

Si, au fil des années, la fréquence des crises a baissé, pendant longtemps, nous faisions face à une moyenne d'au moins une crise par semaine, menant souvent à des arrêts d'activité. L'étendue, la fréquence et l'acuité des crises étaient telles que, au-delà de la pression administrative, il y a une véritable pression psychologique. Un directeur de société en crise avec la communauté d'accueil, qui avait bloqué toutes les activités, a pu apprécier les efforts qu'il était nécessaire de déployer pour contenir une telle crise. « Je réalise maintenant ce que vous vivez à l'échelle du secteur », me disait-il, presque avec compassion. Il était encore plus surpris quand je lui ai révélé la fréquence de telles crises.

La tension et les efforts fournis dans les relations avec les communautés étaient comparables à ceux de l'ensemble des autres problèmes du secteur. Avec le ministre de l'Administration du Territoire, les gouverneurs, les préfets et sous-préfets, nous étions souvent confrontés à ce que je qualifierais de front. Comme dans une poudrière, il suffisait d'une étincelle pour qu'une crise éclate. L'étincelle pouvait être le licenciement d'un employé, une rumeur fallacieuse, l'agitation d'une poignée de chercheurs d'emplois, le retard dans un projet communautaire, la manipulation d'un chef d'entreprise en quête de contrat, etc. Tout incident qui, dans des conditions normales, peut être maîtrisé par l'intervention d'un agent de la société. Mais les conditions ne sont souvent pas normales. Le manque d'infrastructures socioéconomiques de base et le chômage endémique aggravé par un afflux massif de Guinéens venus de toutes parts à la recherche d'un emploi, créent une tension latente qui n'est pas seulement liée à l'activité minière proprement dite. Les conditions de crises répétitives sont donc souvent présentes bien avant l'installation de l'entreprise. La présence d'une société minière décuple les attentes. Les maladresses d'une gestion parfois approximative des relations communautaires par la société exacerbent une forme de frustration ou d'aigreur au sein de la communauté.

Même si la société agit à travers son budget de développement communautaire pour combler certains besoins en infrastructures socioéconomiques de base, cette tâche revient évidemment en premier lieu à l'État. La société entreprend des actions volontaires pour garantir le bon voisinage. Elle a l'obligation de payer les taxes à l'État. Mais elle n'a pas pour vocation, pour obligation, de construire des routes, des écoles, des centres de santé, des puits, en dehors des exigences du Plan de Gestion Environnementale et Sociale destinées à compenser les impacts de ses activités. La société n'a pas non plus pour obligation — ni la capacité — de recruter toute la population active au sein de la communauté. Elle recrute en fonction de ses besoins. La création d'emplois à l'échelle de la communauté, de la ville et du pays, pour résorber le chômage, revient à l'État, notamment à travers le développement du secteur privé. Sans oublier que le chômage, au sein de la communauté, est aggravé par le retour de Conakry (et d'ailleurs) de nombreux jeunes originaires du village et la venue de jeunes d'autres contrées. La croissance soudaine de la population des communautés abritant de nouvelles opérations minières est un phénomène que même l'État ne peut empêcher du fait de la liberté de circulation des citoyens. C'est cependant un phénomène qui marque significativement la communauté sur le plan social, économique et même culturel. Un village d'à peine 1 000 habitants qui a accueilli une société minière en 2015 s'est retrouvé avec plus de 10 000 habitants en moins de deux ans, créant une pression extraordinaire sur les infrastructures socioéconomiques de la communauté, au point que les forages d'eau réalisés par la société minière ne puissent plus du tout suffire aux besoins de la communauté.

L'histoire de Kamsar est l'exemple typique de ces flux migratoires créant une demande exponentielle pour les services sociaux de base. Ce village de moins de 10 000 habitants est devenu une ville d'au moins 300 000 habitants en moins d'un demi-siècle. La sous-préfecture de Kintinian, à Siguiri, avec environ 150 000 habitants, est aujourd'hui plus peuplée que plusieurs autres préfectures en Guinée. Le phénomène est commun à toutes les localités minières. Il n'existe de solution que dans l'augmentation d'investissement en infrastructures socioéconomiques pour accommoder cette évolution de population, au-delà de l'impact direct des activités minières. C'est en cela que l'utilisation judicieuse du Fonds de Développement Économique Local (FODEL), alimenté par la contribution locale des sociétés au profit des collectivités impactées, et du Fonds National de Développement Local (FNDL), dont le montant est fonction de la population de chaque collectivité, est critique pour compenser effectivement les impacts indirects de l'activité minière nés des migrations vers ces collectivités, en plus de l'amélioration des conditions de vies des populations déjà présentes lors de l'installation des sociétés minières. Des infrastructures sociales (forages d'eau, écoles, centres de santé), des infrastructures économiques (ponts, pistes, marchés, etc.) et des activités génératrices de revenus (projets agricoles et d'élevage, chambres froides pour la conservation de produits, petites unités de transformation, etc.) sont ainsi réalisées à cet effet. La pérennité de ces fonds approvisionnés annuellement permettra de résorber graduellement les insuffisances sur tous les fronts, à l'exception des investissements lourds dans les infrastructures socioéconomiques de base prises en charge par le budget national. Les investissements lourds tels que les grands ponts et le bitumage des routes ne peuvent être réalisés sur ces fonds. Ces infrastructures lourdes, que ni le FODEL ni le FNDL d'une collectivité ne pourraient assumer la réalisation, sont donc réalisées sur le budget national de développement, sous la responsabilité de l'État.

Il est vrai que les demandes des communautés sont souvent légitimes, l'impatience compréhensible, mais ces demandes sont parfois adressées au mauvais interlocuteur (la société minière au lieu de l'État) pour ce qui concerne les services sociaux de base. Les méthodes sont parfois inappropriées et les communautés souvent manipulées par des trafiquants d'influence en leur sein ou parmi les ressortissants installés dans la capitale, Conakry, ou à l'étranger. Certains de ces ressortissants ont créé parfois des Organisations non gouvernementales (ONG) destinées à négocier au nom de la communauté avec la société et les autorités, en lieu et place des élus locaux, autorités traditionnelles, religieuses et administratives. Ces ONG sont ou représentent souvent des entreprises commerciales à la recherche de contrats auprès de la société, qui abusent de la confiance de la communauté placée en un enfant prodigue qui leur promet toute la prospérité du monde si un contrat est obtenu. Comment expliquer aux familles que leur fille ou leur fils ne cherche que son intérêt et non celui de la communauté quand il y a des dizaines de jeunes sans emploi en son sein ? Nous ne l'avons souvent réussi que par la sensibilisation, mais aussi en étant fermes sur la nécessité de la légitimité des interlocuteurs, quand la sensibilisation devient inefficace.

Quand une mine est ouverte dans une localité, elle crée l'illusion d'un eldorado où tous les problèmes d'emploi et de développement seront résolus. Les attentes démesurées, voire utopiques dans certains cas, doivent être gérées avec beaucoup d'attention par l'État et par la société minière. Les consultations menées par la société en collaboration avec les services de l'État doivent permettre de limiter ces attentes à un niveau raisonnable. Souvent, les acteurs concernés, en particulier le personnel de la société, sous-estiment l'importance de la sensibilisation préalable dans la gestion des attentes. Je me souviens ainsi du dirigeant d'une petite exploitation semi-industrielle d'or qui promettait de recruter tous les jeunes d'une localité qui comptait plus de 100 000 habitants (avec au moins des dizaines de milliers de jeunes à la recherche d'un emploi). Lors d'une visite sur le site, j'ai été surpris par le nombre de jeunes curieux nous accompagnant. J'en ai profité pour demander au responsable de la société de dire la vérité aux jeunes que j'ai pris pour témoins. La vérité étant que cette société allait à peine employer quelques centaines de personnes et ne règlerait certainement pas, comme le laissaient penser ses responsables, tous les problèmes de la communauté. Il n'est pas rare de voir des responsables ou agents de sociétés être aussi imprudents ou irresponsables, en n'étant pas suffisamment clairs sur les limites de ce que l'activité minière peut apporter à la communauté. Promettre peu et faire beaucoup, au lieu de promettre beaucoup et faire peu, doit être la règle en toute circonstance. Certains versent dans le choix de la facilité au départ, qui rattrape toujours la société, par l'installation d'une ambiance conflictogène autour d'elle, par la suite.

La gestion des attentes doit être permanente, avec un service des relations communautaires compétent et responsable au sein de la société et un appui constant des autorités locales. Un service qui est, dans l'anticipation et la franchise, responsable. La collecte d'informations sur les plaintes et leur gestion diligente (en y répondant par des actes ou par des explications précises) est nécessaire. L'efficacité de cette gestion est aussi conditionnée par la maîtrise de la culture et des traditions locales par les agents et les responsables de la gestion communautaire. Il est donc indispensable, au-delà des obligations légales liées au contenu local, que les responsables et les agents en charge des relations communautaires aient une parfaite connaissance de la culture et des traditions des communautés couvertes. Le principal responsable et les agents en contact direct avec la communauté doivent donc parler le dialecte local et, autant que possible, avoir vécu dans ces localités ou dans des localités similaires. Cela est nécessaire pour établir une relation de confiance et lever la barrière de la langue avec des populations qui sont en majorité analphabètes. La relance, en juillet 2017, par l'État, à travers le rafraîchissement du dispositif, des Comités de Concertation dans les Localités Minières (CCLM), répond à cet impératif d'établissement d'une relation de confiance en complément au dispositif interne des sociétés minières. Ces comités, constitués des représentants de chacune des parties prenantes de la collectivité, ont pour mission de prévenir et d'intervenir dans la résolution des conflits au moyen du dialogue. Nous avons pu mettre en place des CCLM dans une centaine de communes dans toutes les régions, avec l'appui du Programme des Nations Unies pour le Développement (PNUD), de la coopération allemande (GIZ) et de Search for Common Ground. La mise en place des CCLM dans le reste des communes et l'opérationnalisation effective et permanente de ce cadre de concertation, qui a souffert de l'absence de moyens suffisants pour la mise en œuvre, et la prise en charge institutionnelle effective des CCLM par les autorités et élus locaux permettront de renforcer durablement la paix dans les localités minières par une maîtrise des attentes de chacune des parties et une compréhension mutuelle.

L'origine de la plupart des conflits dans le secteur est l'écart considérable entre les attentes et les possibilités réelles, notamment à cause de la mauvaise qualité de la communication entre les sociétés et les communautés. La grande crise de Boké (au nord-ouest du pays), en avril 2017, est un exemple d'écart entre les attentes des populations, d'une part, et les obligations et capacités d'intervention des sociétés, d'autre part. Elle était justement liée à la problématique des infrastructures socioéconomiques de base. Les soulèvements violents ont commencé dans la commune urbaine le lundi 24 avril 2017, avec des attaques contre des édifices publics, des barricades sur les routes et sur la voie du chemin de fer minéralier, et des affrontements avec les services de maintien de l'ordre.

Les soulèvements ont été déclenchés par une panne de la centrale électrique approvisionnant la ville, essentiellement due à une surcharge sur la capacité des installations, faisant suite principalement à un doublement de la demande d'électricité entre 2016 et 2017, que les installations en place ne pouvaient satisfaire convenablement.

Prenant la mesure de la gravité de la situation et de l'échec de toutes les initiatives prises pendant les trois premiers jours de soulèvement, j'ai dû me rendre d'urgence à Boké le 27 avril. C'était un voyage périlleux, après des attaques violentes, quelques jours plus tôt, contre des personnalités de la localité. Nous avons donc décidé de voyager de nuit avec des éclaireurs nous confirmant l'inexistence d'embuscades sur le chemin. Aux manifestants étaient mêlés des loubards qui étaient à l'origine de l'essentiel des violences. Il fallait éviter toute situation qui pouvait entraîner des bavures des services de sécurité de la délégation. Nous sommes arrivés à Kamsar, la base choisie, au milieu de la nuit, sans accroc.

Les informations reçues des différentes sources ont montré qu'au-delà de la question de l'approvisionnement en électricité (qui était la demande urgente) et en eau, il existait un malaise lié à l'emploi des jeunes (en particulier par les sociétés minières), aux nuisances des camions traversant la ville (d'où la demande de construction de la route de contournement) et à l'utilisation judicieuse des fonds alloués par les sociétés minières au titre de la contribution pour le développement local.

À l'issue des différentes concertations entre la délégation, les cadres du département des mines (qui ont été dépêchés sur le terrain dès que l'information a été reçue), les autorités locales et les ressortissants de la localité résidant à Conakry, il a été décidé d'organiser une rencontre avec les différentes parties prenantes. Le samedi 29 avril 2017, le village communautaire (au centre de Boké) a servi de cadre pour cette rencontre avec tous les acteurs concernés.

L'ambiance était électrique à notre arrivée, avec les autorités locales et les hauts responsables de la gendarmerie nationale qui avait fait le déplacement. Les adultes s'étaient mis sur les premières rangées et les jeunes « manifestants » au fond de la salle. On reconnaissait aisément ces derniers par leurs regards hagards et assombris par plusieurs nuits blanches et leurs habits complètement salis par leurs activités dans la rue.

Le porte-parole des manifestants a pris la parole sur un ton vindicatif pour énumérer les revendications qui s'étaient allongées d'une demi-douzaine à une trentaine de points, avec des redondances qui suggéraient que plusieurs groupes opportunistes avaient infiltré au dernier moment le groupe originel.

Après la présentation des points de revendications par le porte-parole des participants, j'ai pris la parole pour, tout d'abord, fermement condamner les actes de violence et alerter sur les conséquences que cela pouvait avoir sur la capacité de l'État à améliorer les conditions de vie des populations de la Guinée en général et de Boké en particulier.

J'ai ensuite donné des explications détaillées sur chacun des points en présentant les actions en cours et celles prévues par le gouvernement, le caractère illégal/déraisonnable de certaines demandes, et promis de rendre compte au gouvernement. Dans un langage franc et direct qui a déplu à beaucoup de participants, je me suis efforcé de montrer de l'autorité pour ne laisser supposer aucune faiblesse de la part des autorités que nous incarnons. Ce langage était renforcé par une posture prise à dessein. Je me suis levé et mis à parler en marchant entre les allées de la salle, en toisant physiquement ces manifestants qui devaient à tout prix, à mon avis, comprendre que l'État n'avait pas peur. Un véritable corps-à-corps psychologique, surtout avec les jeunes du fond de la salle, pour dominer l'audience s'engagea.

J'ai en particulier insisté, dans une salle dont nous prenions peu à peu le contrôle, sur la nécessité de la cessation de toute forme de violence et érection de barrages avant toute discussion sur les points de revendication.

Les représentants des différents groupes ont, à leur tour, exigé au moins la résolution de la revendication portant sur l'électricité avant toute suspension du mouvement. À ma grande surprise, certaines personnes que nous avions commises à la mission de médiation quelques jours plus tôt ont montré leur duplicité au point de déclencher une menace de séquestration de la délégation si l'électricité n'était pas fournie toutes les nuits. Dans un langage de sincérité, nous leur avons clairement répondu qu'aucune menace n'allait nous faire faire cette promesse qui était impossible à tenir.

Face à l'impossibilité de satisfaire leur principale demande, les manifestants ont décidé de paralyser, sans violence, toutes les activités minières dans la préfecture jusqu'à la satisfaction effective de ce point. À peine la réunion terminée, de nombreux barrages ont commencé à être érigés dans toute la ville.

Les discussions informelles et des missions de sensibilisation (impliquant plusieurs acteurs) ont alors été engagées pour décrisper la situation et permettre un dialogue serein. Dans un premier temps, il a été décidé de refuser tout contact direct avec les manifestants. Des personnes-ressources ont donc été utilisées comme intermédiaires pour échanger avec les frondeurs. Nous avons reçu par la suite des informations troublantes sur les agissements de certains de nos médiateurs et d'autres personnes engagées dans un travail de sape de nos efforts. Nous étions finalement contraints de constater l'échec de cette approche. Nous avons opté, le 1er mai 2017, pour une approche différente sans les personnes-ressources, avec des agents de terrain, vers les acteurs impliqués dans les manifestations, tout en continuant la sensibilisation par voie médiatique. Le travail d'usure a fini par payer : le lundi 1er mai 2017, les barrages ont été levés et une discussion directe a eu lieu avec les principaux acteurs et nos équipes.

Comme convenu par les parties, le 2 mai 2017, une commission de suivi a été mise en place sous la direction des autorités locales. Cette commission a travaillé le 3 mai

2017 avec les cadres du ministère des Mines et de la Géologie pour passer en revue les différents points de revendications. Les points concernant le ministère des Mines et de la Géologie ont fait l'objet d'un plan d'actions (indiquant les actions en cours, celles à venir et les délais de réalisation prévus) validé par toutes les parties lors de cette séance. Il s'agissait en fait des actions prioritaires figurant déjà dans le plan de travail du ministère des Mines, et non d'actions nouvelles initiées à cause des négociations. Les participants ont simplement tenu à ce que tous les points de revendications soient soumis au gouvernement pour examen. Nous avions donc pu désamorcer la crise sans la résoudre définitivement. Des mesures prises par le ministère de l'Énergie plus tard et une communication régulière avec les meneurs du mouvement, dans le cadre d'un comité de veille mis en place, ont permis de restaurer la confiance et le calme avant la crise suivante, comme c'est le cas quand il s'agit de demandes relatives aux infrastructures socioéconomiques de base qui ne peuvent être satisfaites qu'au bout de plusieurs années. Les membres de ce comité de veille, leaders des manifestants, ont subi les foudres de ceux qui les ont choisis, les accusant d'avoir été retournés. En réalité, ces représentants des manifestants, de bonne foi, avaient simplement compris, à travers nos échanges réguliers, que l'État fournissait déjà des efforts raisonnables sur la majorité des points de revendication. Ils sont donc devenus des relais objectifs auprès des différents groupes.

Le déficit d'information est souvent à l'origine de nombreuses incompréhensions et crises. L'État, à travers ses structures centrales et déconcentrées, doit donc constamment disposer d'un réseau d'informations efficace et d'un système de communication régulière. Ce système est d'autant plus important que nous constatons, au fil des années et de la croissance exponentielle des activités minières, l'émergence de nouveaux « experts » du secteur minier. Il s'agit notamment de quelques ressortissants qui ont un statut de prescripteurs, de conseillers des leaders d'opinion des communautés. La plupart d'entre eux sont extrêmement utiles à l'instauration d'un climat de cohabitation apaisée. Mieux informés, ils participent à la sensibilisation des communautés sur leur droit et sur l'approche légale des réclamations tout en alertant les autorités à tous les niveaux. Cependant, quelques-uns utilisent cette position privilégiée pour véhiculer de fausses informations, parfois dans la poursuite d'intérêts personnels, pour faire croire aux communautés que des revendications, souvent violentes, sont la seule solution pour obtenir ce qui leur serait dû auprès des sociétés. Il s'agit aussi de quelques agents de la presse qui, sans recherche contradictoire, diffusent des informations incorrectes sur les activités minières. Pour améliorer l'objectivité de la couverture médiatique du secteur, nous avons organisé une formation des journalistes sur la gouvernance minière à Kindia, du 25 au 27 janvier 2019. La participation de 50 journalistes représentant la majorité des organes de presse à cet atelier a permis d'avoir un niveau suffisant d'information des journalistes sur les enjeux, contraintes, résultats et perspectives du développement minier en Guinée. Cet atelier a eu pour effet d'améliorer significativement la pertinence et l'objectivité du traitement médiatique des questions minières dans la quasi-totalité des médias. Contrairement à nos préjugés, la mauvaise foi n'était pas la principale cause de la couverture médiatique biaisée du secteur. C'était plutôt le manque d'information.

Enfin, ces nouveaux « experts » incluent quelques ONG qui, dans la recherche de matière pour le financement de leurs programmes ou pour la justification de leurs financements, effectuent des interventions biaisées et non recoupées, à charge contre les activités dans le secteur, sous le parapluie de lanceurs d'alerte. Je suis convaincu que la société civile doit compléter, et même surveiller, l'action que tous les acteurs mènent dans le secteur, y compris l'État. Cependant, le sceau de l'indépendance ne peut pas être un prétexte pour se dédouaner de la responsabilité sociétale qui leur incombe dans le processus de développement socioéconomique de la Guinée. Certains semblent sous-estimer le poids d'un article ou d'une « étude » à charge sur l'investissement dans le secteur. Les investisseurs, dans leur recherche pour prendre les décisions d'investissement, peuvent facilement se refroidir en ayant accès à des informations négatives. Personne ne s'en plaindra si elles sont vraies, mais encore faut-il qu'elles le soient.

Il faut toutefois reconnaitre que le travail de nombreuses organisations (presse et ONG), qui ont pour but d'aider effectivement à la contradiction saine et à la transparence, n'est finalement pas apprécié à sa juste valeur du fait de quelques brebis galeuses. Il est donc fondamental que les efforts de ces organisations sérieuses et professionnelles soient soutenus et promus à travers une collaboration sincère afin que les bons exemples servent à améliorer l'environnement dans son ensemble. À notre niveau, nous nous sommes efforcés de systématiquement associer la presse à nos activités et les ONG à nos consultations, comme cela est d'ailleurs prévu dans certains cas par le Code minier.

La confusion régulièrement créée par certains acteurs se présentant comme neutres, alors qu'ils agissent pour des intérêts politiques ou financiers, est un frein le développement du secteur, qui a besoin d'investissements privés. Le paradoxe est que ceux-là mêmes qui véhiculent des informations erronées à charge sur le secteur sont les premiers à se plaindre de son retard. Il s'agit pourtant de la création d'un cercle, soit vertueux, soit vicieux. Il convient d'avancer à visage découvert et ne pas prétendre la neutralité, pour que l'audience juge l'information avec la bonne perspective. Il s'agit tout simplement de faire preuve de responsabilité, comme on est en droit de l'exiger de tous les acteurs du secteur. La redevabilité n'est pas exigible qu'à l'État, elle concerne tous les acteurs dans la sphère publique.

18

Le contenu local : de la confusion et de l'incompréhension

L'origine et la raison de la persistance de tensions et de crises entre les communautés d'accueil et les sociétés minières sont souvent économiques. Le chômage, le manque d'activités entrepreneuriales et d'opportunités de marchés y jouent un rôle important. En plus des activités de compensation d'impacts menées par les sociétés, des projets FODEL et FNDL, la promotion du « contenu local » est un instrument efficace de réduction des tensions, par l'emploi des Guinéens, de la communauté d'accueil et des autres contrées, et la création d'opportunités de marchés pour leurs entreprises.

La promotion du contenu local est au cœur de la politique menée par l'État depuis 2011, notamment par sa prise en compte effective dans le Code minier. Elle représente un canal de choix pour la réalisation effective des bénéfices espérés du secteur minier sur l'économie nationale, en particulier sur l'amélioration des conditions de vie des Guinéens. À ce titre, il est important d'avoir une compréhension précise du concept de contenu local, qui est sujet à deux confusions importantes.

La première confusion notable réside dans celle entre le *contenu local* et le *développement local ou communautaire*. Contrairement à la notion de développement local ou développement communautaire, qui porte sur la réalisation des projets socioéconomiques collectifs de développement local au sein des collectivités, le contenu local se rapporte à l'emploi des Guinéens dans les sociétés et aux achats locaux réalisés par les sociétés minières auprès des PME guinéennes.

Dans le cadre de la responsabilité sociétale des entreprises, les sociétés minières adoptent un budget annuel de réalisation de projets de développement local qui sont financés sur une base volontaire par ces sociétés. Il peut s'agir de forages d'eau, de pistes rurales, de centres de santé, d'écoles, de marchés ou d'activités génératrices de revenus (notamment dans le maraichage ou l'élevage). La réalisation de ces projets porte généralement sur la compensation des impacts dans le cadre de la mise en œuvre des Plans de Gestion Environnementale et Sociale (PGES), ou à titre volontaire, dans le cadre de la promotion du bon voisinage avec les communautés et dans le cadre de l'action humanitaire.

Ainsi, la réalisation de projets collectifs (commerciaux ou non) dans les collectivités relève du domaine du développement local. Quant au contenu local, il porte sur l'emploi et la promotion de personnes de nationalité guinéenne au sein de la société, et les achats locaux. Le Code minier fixe, en son article 108, des quotas précis à cet effet pour catégories d'emplois et de la phase d'activité (recherche, développement et exploitation) de la société. D'autre part, le contenu local porte également sur les achats de biens et services auprès des entreprises guinéennes. L'article 107 du Code minier, portant sur la préférence aux entreprises guinéennes, fixe à ce niveau aussi la proportion des achats locaux pour les trois phases d'activité (recherche, développement et exploitation) de la société. Si la notion d'entreprises guinéennes est clairement définie comme celles « appartenant ou contrôlées par des Guinéens », c'est-à-dire celles dans lesquelles les personnes de nationalité guinéenne détiennent plus de 50 % du capital, le rappel de cette qualité des actionnaires, à prendre en compte, n'est pas souvent superflu. Il n'est, en effet, pas rare que certains considèrent au titre des exigences de contenu local des entreprises enregistrées en Guinée dont le capital peut être détenu à plus de 50 % par des étrangers.

La deuxième confusion fréquente dans la promotion du contenu local porte sur l'interprétation du terme « local ». Nombreux sont ceux qui, particulièrement parmi les résidents et ressortissants des localités environnant les opérations minières, estiment que le contenu local concerne exclusivement les localités abritant les sociétés minières. Sur cette base, ils estiment que les emplois et les contrats d'achats ne doivent être octroyés qu'aux filles et fils du terroir. Or, sur un plan strictement légal, le contenu local concerne plus les personnes de nationalité guinéenne, d'où qu'elles viennent en Guinée. D'autant plus que les Guinéens sont libres de s'établir et de travailler partout en Guinée. Même s'il est légitime que les filles et fils du terroir s'attendent à bénéficier d'une préférence dans les emplois et achats locaux, et qu'il soit financièrement opportun pour les sociétés d'agir dans ce sens pour réduire certains coûts, la promotion de ce qu'il convient d'appeler « *contenu local local* » (en contraste avec le « *contenu local national* ») doit se faire avec discernement, pour éviter des tensions intercommunautaires. Certains soutiennent qu'à compétences égales, la priorité devrait être donnée à la communauté abritant la mine, puisque c'est celle qui en subit les impacts directs. Cependant, il faut avoir à l'esprit que les textes et la pratique prévoient déjà à cet effet des mécanismes de compensation des impacts, en l'occurrence, les actions de développement local obligatoires et volontaires, ainsi que le Fonds de Développement Économique Local, qui est abondé par un prélèvement direct sur le chiffre d'affaires des sociétés uniquement au profit des collectivités locales impactées.

Depuis des siècles, des migrations internes sont observées en Guinée par des populations à la recherche d'opportunités économiques dans le secteur minier, notamment dans le secteur de l'orpaillage. Depuis plusieurs décennies, les mêmes migrations sont constatées vers les zones d'exploitation industrielles et semi-industrielles. D'abord, pour l'exploitation de la bauxite à Kassa, à partir de 1937, du fer à Kaloum à partir de 1939, puis dans d'autres localités dans lesquelles des mutations démographiques profondes ont accompagné ces migrations, qui ont parfois transformé des villages en villes. Des Guinéens ont accueilli d'autres Guinéens sur leurs terres ancestrales, dans le cadre de l'exploitation minière. Ils ont partagé les bénéfices de l'exploitation. Aujourd'hui, d'autres Guinéens accueillent des Guinéens dont les ancêtres ont peut-être accueilli les leurs par le passé. Demain, ces premiers pourraient être accueillis par d'autres Guinéens. Cette « valse » est propre à la nature épuisable des ressources minières et aux cycles miniers. Pour que l'exploitation minière contribue à la consolidation du tissu social guinéen, au lieu d'alimenter la division, il doit donc être naturel que les Guinéens, au-delà de l'application stricte de la loi, soient considérés et acceptés partout en Guinée dans leur recherche d'opportunités économiques (emplois et contrats) dans le secteur minier. Sinon, il n'est pas exclu qu'on assiste à des situations qui, au-delà de leur gravité, remettent en cause la règle d'hospitalité, qui est un héritage à préserver. Nous avons insisté sur ce rappel à l'hospitalité lors d'une mission de réconciliation entre deux villages qui se disputaient autour de l'emploi de leurs ressortissants respectifs par une société minière. À l'installation de la première société, porteuse du projet concerné, les habitants du premier village avaient vigoureusement demandé de limiter le recrutement exclusivement à leurs ressortissants. Cette société n'ayant pas pu développer le projet, il a été repris par une autre société, qui a changé l'emplacement de l'infrastructure principale du projet du premier au second village avec, au grand dam du premier, les emplois prévus pour la construction et l'exploitation de cette infrastructure. Sans surprise, le deuxième village a posé l'exigence d'employer exclusivement ses ressortissants. Le premier village, comme il fallait s'y attendre, a contesté le déplacement de l'infrastructure, pour pouvoir conserver les emplois. Le tiraillement entre les deux villages a engendré des actes de violences et de blocages des activités de cette nouvelle société, qui avait basé le changement du site sur des éléments objectifs en relation avec la rentabilité du projet. Les leçons à tirer de cette situation, qui aurait été ironique si elle ne concernait pas des vies de villageois et n'avait pas entrainé la violence, peuvent s'appliquer à l'échelle des communes, des préfectures et des régions.

En réaction à un patriarche qui défendait avec force la nécessité que sa préfecture d'origine gagne une plus grande contribution au développement local, puisqu'abritant la mine, je lui ai expliqué qu'il devrait éviter d'évoquer ce sujet en public puisque, dans quelques années, le site d'exploitation allait être déplacé de sa préfecture vers l'autre préfecture, du fait de l'épuisement du gisement. Son silence brusque, déconcertant et définitif a failli déclencher un fou rire de ma part, que j'ai réussi à étouffer, par respect pour cet homme d'un certain âge qui, malgré sa forte et envahissante voix passionnée, était d'une lucidité impressionnante.

Au-delà de ces confusions, qui peuvent parfois avoir des conséquences dramatiques, notamment dans les relations entre les communautés locales et les sociétés minières, d'une part, et entre différentes communautés, d'autre part, l'analyse minutieuse de contenu local en termes d'achats auprès des entreprises guinéennes révèle des nuances qui peuvent s'avérer importantes dans l'évaluation de l'impact économique des activités minières. En effet, l'octroi d'un contrat à une entreprise internationale implantée et enregistrée en Guinée, sans être compté dans le quota de contenu local, peut parfois avoir un meilleur impact sur ce contenu local qu'une entreprise détenue par des Guinéens. Si cette entreprise internationale emploie en majorité des Guinéens et achète ses matières premières produites localement auprès d'acteurs économiques guinéens, elle peut créer plus de richesse en Guinée qu'une entreprise détenue par des Guinéens et qui emploierait majoritairement des expatriés et importerait l'essentiel de ses matières premières. Cette possibilité que, dans certains cas, le contenu local soit plus important dans la société internationale ou que le contenu « non local » soit plus important dans la société guinéenne, appelle à plus de vigilance pour une analyse plus fine de la part effective de contenu local, au-delà du respect des quotas légaux. Les apparences sont parfois trompeuses. Il faut donc veiller à ce que le contenu local ne soit pas simplement que du « contenant local ».

En outre, la promotion du contenu local devrait se faire dans un esprit de solidarité entre les communautés avec la perspective du caractère temporaire de toute exploitation minière, appelant non seulement à renforcer les activités économiques traditionnelles, mais aussi à faire preuve d'hospitalité vis-à-vis des Guinéens d'autres origines, qui pourraient être les hôtes des membres de la communauté d'accueil dans le futur. C'est important, pour que les activités minières soient plus un facteur de brassage entre les différentes communautés qu'un facteur de division, de conflits, ou tout simplement de balkanisation sociale et économique du pays.

L'intérêt accordé par tous les acteurs sociaux et économiques au contenu local est à la hauteur du rôle de ce pan important de la politique de développement du secteur minier. La promotion du contenu local est un instrument puissant en faveur de la contribution du secteur minier à la diversification économique et à la réduction de la pauvreté. Sans parler de ses possibles effets sur la cohésion sociale et la paix. Il permet d'apporter la participation effective des Guinéens à la vie économique de la nation, contribuant ainsi à leur épanouissement social et économique. À travers les achats locaux, il contribue au partage de la richesse minière, tout en compensant le niveau de création d'emplois relativement faible dans le secteur minier. Il permet de renforcer les capacités techniques et financières de la main-d'œuvre et des entreprises, qui peuvent utiliser ces capacités dans d'autres secteurs socioéconomiques en Guinée et les exporter. Des entreprises de BTP, ayant profité des exigences d'entreprises minières pour s'améliorer et avoir une meilleure surface financière, construisent des infrastructures publiques, aujourd'hui, en Guinée, et parfois à l'étranger. Le secteur minier, à travers le contenu local, contribue à tirer l'économie guinéenne vers le haut ; en témoignent les 8 031 milliards de francs guinéens (plus de 800 millions de dollars US) de contrats sous-traitance obtenus par les PME guinéennes dans le secteur entre 2011 et 2019.

19

Le contenu local : la nécessité d'une approche collective

Pour que la contribution du secteur des mines, à travers la promotion du contenu local, soit à la hauteur des attentes du pays, il est nécessaire que toutes les parties prenantes jouent pleinement leur rôle.

L'État a adopté une politique nationale du contenu local, et une politique sectorielle du contenu local dans les mines, ainsi que des dispositions particulières relatives au contenu local. En outre, le ministère des Mines et de la Géologie a réalisé de février à juin 2017 l'évaluation, par un cabinet international indépendant, de la promotion du contenu local au sein de huit sociétés minières en phase de construction ou d'exploitation dans le domaine de la bauxite et de l'or. Cette évaluation, une des premières en Afrique, a porté sur les pratiques et performances des sociétés minières en opération ou en développement avancé. Le cabinet a procédé à une évaluation des sociétés concernées en matière d'emploi, de formation et d'approvisionnement, sur la base d'informations collectées essentiellement auprès des sociétés minières et d'autres structures concernées.

Cette évaluation a permis de relever les points saillants suivants :

- Les résultats d'ensemble étaient insuffisants ou moyens ;
- En matière d'emploi local, sur l'échantillon de huit sociétés, une seule était clairement en conformité avec les quotas du Code minier ;
- S'agissant de l'approvisionnement local, une seule société a fait état d'un plan d'approvisionnement local en bonne et due forme et en termes de performances, trois sociétés présentaient des résultats moyens.

Dans l'ensemble, une seule société présentait des pratiques et performances relativement appréciables.

À la suite de l'évaluation, une restitution a été faite aux sociétés et un suivi effectué par les services du ministère des Mines et des autres départements. Au-delà des constats, cet exercice a créé une meilleure prise de conscience auprès des sociétés et une émulation entre elles.

Grâce à la promotion du contenu local dans le secteur minier, nombreuses sont les entreprises locales d'autres secteurs qui bénéficient aujourd'hui des retombées des activités minières. Il s'agit notamment des services de restauration et de fourniture de denrées ; la construction ; les services environnementaux et géologiques ; les services professionnels — financiers, légaux et de ressources humaines ; la fourniture de matériaux de construction ; les services logistiques, de distribution et transport ; les services de maintenance et la réparation mécanique ; la fourniture d'équipements de protection individuelle ; les pièces de rechange, machines et vente/location de véhicules ; la formation en santé, sécurité et environnement (HSE) ; et l'hôtellerie.

Ces onze secteurs ont été identifiés comme à fort potentiel dans l'étude du cabinet américain DAI Energy and Resources Group réalisée par le ministère des Mines, avec l'appui de la Société financière internationale (IFC), entre juin et septembre 2017, sur l'évaluation du niveau de promotion du contenu local et de son potentiel de croissance dans le secteur des mines. Cette étude montre le potentiel et les défis en termes de contenu local dans le secteur. Elle a été réalisée auprès de huit entreprises minières et de 138 PME locales. Si les secteurs de l'hôtellerie, de logistique, distribution et transport et de formation en HSE sont jugés relativement compétitifs, il n'en est pas de même pour des services de restauration et de fourniture de denrées, et des services environnementaux et géologiques.

Les estimations de cette étude montrent que les PME guinéennes pourraient capturer, sur le long terme, environ 8,8 milliards de dollars US d'opportunités de contrat dans le secteur minier, pour environ 441 à 588 millions de dollars de volume d'affaires par an.

Concernant le volet main-d'œuvre du contenu local, il était déjà estimé, en comptant les emplois induits, que les entreprises minières de l'échantillon génèrent environ 100 000 emplois au total, y compris les emplois indirects et induits. 94 % des emplois directs étaient occupés par des Guinéens au moment de l'étude, contrairement à certaines fausses informations qui pourraient circuler sur le niveau global d'emploi des Guinéens dans le secteur.

Par ailleurs, les résultats de l'étude montrent que « chacune des 53 professions identifiées comme clés pour le fonctionnement des onze secteurs a des programmes de formation établis en Guinée. Chaque année, quelque 15 000 élèves sont diplômés dans ces 53 professions, dont une partie travaillera pour le secteur minier. Cependant, le nombre de diplômés de certaines filières n'est pas suffisant pour les besoins du secteur minier, tels que les conducteurs d'engins lourds et le personnel hôtelier ».

Les principaux défis identifiés portaient sur la connaissance et l'expérience insuffisantes de l'industrie minière, le manque d'information sur les opportunités dans le secteur minier, le manque de capacité financière et le manque de qualification de la main-d'œuvre.

Les résultats de cette étude, qui a ressorti les insuffisances au niveau des différentes parties prenantes dans la promotion du contenu local, ont été largement diffusés par le ministère des Mines et utilisés pour poursuivre les réformes dans le secteur, notamment sur la base du plan d'action proposé au terme de l'étude.

Contrairement à mes premiers mois à la tête du ministère, à partir de 2017, nous avons constaté une moindre fréquentation du ministère par des entrepreneurs locaux se plaignant du manque d'opportunités d'affaires dans les mines ; probablement parce que, d'une part, nous les invitions à contacter directement les sociétés, sans aucune possibilité de recommandation de ma part, et parce que, d'autre part, plusieurs d'entre eux avaient probablement obtenu des contrats dans les projets et opérations miniers en cours. J'ai quand même regretté qu'il ait toujours été difficile d'obtenir des témoignages des entrepreneurs locaux, peut-être par habitude de dissimulation de leurs activités, sur les bénéfices qu'ils tirent de l'application de la politique de contenu local. A contrario, sans surprise, ceux qui n'accèdent pas à des contrats sont prompts à se plaindre, même quand ils n'ont pas respecté les procédures requises en la matière. À quelques très rares exceptions près, je n'ai pu me rendre compte des effets réels des actions de l'État et des sociétés qu'à travers les demandes d'information auprès des sociétés minières.

Les évaluations de la promotion du contenu local s'inscrivaient dans le cadre de l'identification des opportunités et défis, ainsi que du suivi de l'application des textes que nous espérons répéter périodiquement au-delà du suivi trimestriel actuellement effectué. Ce suivi et ce contrôle, qui incombent à l'État, nécessitent des ressources permanentes et une étroite collaboration interministérielle. La poursuite du renforcement du cadre règlementaire et des capacités est nécessaire pour atteindre la pleine efficacité sur ce front. Le contrôle doit aussi inclure un audit social périodique des sociétés minières par l'Inspection Générale du Travail, afin de s'assurer que les conditions contractuelles et de travail sont conformes aux textes en vigueur. Il compléterait celui sur le programme de formation et de perfectionnement et celui de *guinéïsation* conformément aux quotas exigés par le Code minier.

Sur le front de l'accès aux achats locaux, le Code minier exige que *chaque titulaire de Titre minier soumette annuellement un rapport sur son recours aux PME, PMI et entreprises appartenant ou contrôlées par des Guinéens, ainsi que ses activités en faveur de la création ou du renforcement des capacités guinéennes.*

L'État doit poursuivre les efforts permettant de rendre les entreprises locales compétitives, notamment sur le renforcement des capacités, la facilitation de l'accès au crédit et la réduction des surcoûts liés aux distorsions fiscales. Ce dernier point mérite une attention particulière, surtout en ce qui concerne la TVA et les exonérations des frais de douanes. Les offres des entreprises locales sont structurellement plus chères, toutes choses égales par ailleurs, par rapport à celles des sociétés étrangères, qui bénéficient des exonérations acquises dans les conventions minières par leur statut de sous-traitant direct n'ayant pas d'autres activités en Guinée. Pour surmonter cela, nous avons engagé la promotion d'un schéma par lequel l'entreprise locale pourrait créer pour chaque contrat une société de projet devenant de facto un sous-traitant direct et exclusif de la société minière, remplissant ainsi les critères d'exonération. Cependant, pour que le dispositif fonctionne, il faudrait que la société minière reconnaisse le transfert des capacités de la société mère locale à la société de projet, pour éviter que cette dernière soit handicapée dans le processus d'évaluation des offres.

Par ailleurs, les permis de travail devraient être délivrés par l'Agence guinéenne de promotion de l'emploi « après avis de l'administration minière », conformément à l'article 108 du Code minier. L'application stricte de cet article pourrait apporter un changement radical dans l'efficacité de la politique de *guinéïsation* des postes, notamment ceux à responsabilité, au sein des sociétés minières. La revue systématique des recrutements d'expatriés par le ministère des Mines pendant la période de la pandémie de la Covid-19 a montré que les sociétés optent parfois pour la facilité, en affectant simplement les experts étrangers d'une mine dans un autre pays à celle en Guinée. À titre d'exemple, une société minière qui voulait remplacer son directeur général guinéen par un expatrié fût agréablement surprise qu'en utilisant les cabinets internationaux de « chasseurs de têtes », elle avait même l'embarras du choix. Cette procédure compétitive et internationale, mise en œuvre par la société à la suite de notre insistance de voir le poste occupé par un Guinéen au lieu d'un étranger (pour éviter une régression dans le processus de « guinéïsation » de la société), a permis d'avoir de nombreux candidats éligibles, a priori, pour le poste. De cette expérience de recherche de Guinéens sur une base compétitive en Guinée et à l'étranger, faisant suite à une autre, menée en 2016, nous avons obtenu la preuve, s'il en était besoin, que la bonne foi des sociétés permet d'obtenir des résultats dans le respect des critères et processus compétitifs de sélection des sociétés elles-mêmes, sans interférence de l'État.

Outre la rigueur dans les contrôles de l'État, cette politique de promotion des Guinéens au sein des sociétés ne peut toutefois réussir que si, en complément des programmes de formation mis en œuvre par les sociétés, l'État investit dans la formation, notamment technique et professionnelle, pour rendre disponible la main-d'œuvre dont les sociétés ont besoin. Les efforts fournis dans ce domaine au cours des dernières années vont dans ce sens. Il s'agit notamment des efforts d'adaptation de l'offre d'emploi à la demande des sociétés minières avec la représentation des sociétés dans les conseils d'administration des institutions d'enseignement, ainsi que la construction des six écoles régionales des arts et métiers (ERAM) dans les préfectures de Boké, Coyah, Dabola, Labé, N'Zérékoré et Siguiri, dont quatre sont achevées, et de six autres écoles professionnelles en cours. La mise en opération de toutes ces ERAM contribuera à créer les compétences dont les sociétés minières ont besoin pour assurer le développement de leurs activités tout en employant plus de Guinéens.

Avec l'appui de partenaires techniques et financiers, notamment la Société Financière Internationale, du groupe de la Banque mondiale, l'État a pris des initiatives pour la mise en œuvre de la politique de promotion du contenu local dans le secteur minier, en plus de celles menées dans le cadre de la politique nationale par les ministères en charge des PME et de l'investissement privé. À cet effet, la Bourse de Sous-Traitance et de Partenariats (BSTP) a été créée, en novembre 2018, pour combler le déficit d'information des PME sur les opportunités de marchés, rendre disponible une plateforme de mise en relation des PME avec les sociétés minières et renforcer les capacités et l'accès au financement des PME, pour leur permettre de répondre aux exigences desdites sociétés.

La BSTP enregistre déjà des résultats encourageants avec un conseil d'administration dominé par le secteur privé et une jeune et dynamique équipe de direction. Plus de 1 800 PME y sont inscrites. Plus de 3 000 dirigeants de PME ont bénéficié de renforcement de capacités de cette Bourse. Aussi, plus de 150 appels d'offres ont été publiés sur la plateforme, dont plus de 80 remportés par des entreprises inscrites à la BSTP (pour l'équivalent de plus de 45 millions de dollars US de contrats). Cela dénote de l'utilité de cette plateforme pour les PME membres qui ont déjà bénéficié de plus de 12 millions de dollars US de facilités auprès des banques commerciales grâce à la BSTP.

L'initiative de la création de Bourse de Sous-Traitance et de Partenariats (BSTP), prise par l'État dans le cadre de la politique nationale de promotion du contenu local, a été mise en œuvre par le ministère des Mines, en coordination avec les ministères en charge de l'Investissement privé et des PME, avec le souci d'une appropriation effective par le secteur privé. La forme d'association « d'utilité publique », et non d'organisme public, le mode de gouvernance et de financement indépendants, et la place accordée au secteur privé dans la gouvernance, l'engagement constant de l'État et de la SFI aux côtés de la Bourse, sont des éléments qui font espérer une pérennisation de ce dispositif inédit dans cette forme en Afrique et qui inspire déjà d'autres pays.

Si le rôle de l'État est fondamental dans la mise en œuvre de la politique de promotion du contenu local, celui des sociétés minières l'est encore plus, en leur qualité d'entités génératrices des opportunités d'emploi et d'affaires. L'adoption des politiques relatives à la Responsabilité Sociétale des Entreprises et à la promotion du contenu local dans le secteur (en avril 2017), ainsi que les textes en vigueur, leur donnent le cadre de mise en œuvre des exigences en matière de contenu local. En outre, nombre de sociétés disposent de politiques internes qui couvrent dans une large mesure les exigences de l'État. Cependant, il n'est pas rare de constater que certains responsables et agents en charge de la promotion du contenu local au niveau des entreprises minières sont plus préoccupés par le fait de cocher les cases liées au respect des critères que par l'impact effectif des actions de la société sur le niveau de contenu local effectivement atteint. L'erreur fondamentale serait de considérer la promotion des Guinéens et des entreprises guinéennes comme une simple obligation professionnelle, comme une simple action humanitaire, pour acquérir la fameuse *licence sociale d'opérer* faisant référence au quitus et au support de toutes les parties prenantes locales envers la société au titre de la réalisation de sa responsabilité et de ses engagements sociaux envers les communautés locales. Au-delà de la licence sociale, la promotion sincère et responsable du contenu local est un impératif commercial et financier à moyen et long termes. L'économie générée par l'utilisation des compétences locales moins coûteuses répond à cet impératif. Aussi, le soutien des communautés locales et de la population qui en résulte, contribue, d'une manière générale, à réduire significativement les risques de conflits avec les communautés. Cela évite à la société la perte en temps et ressources investis pour résoudre ces conflits, ainsi que la perte née des baisses ou arrêts d'activités. Enfin, la redistribution de richesses à travers les emplois ou achats locaux contribue significativement à réduire la pression sociale, notamment en termes d'emplois, sur l'activité minière, peu créatrice d'emplois.

Malgré tous ces avantages objectifs pour l'organisation qu'est la société minière, les individus, au sein de cette société, y compris des Guinéens, peuvent parfois céder aux intérêts personnels ou au confort moral de placer un ami ou un camarade de promotion à tel poste, ou biaiser la procédure de sélection de sous-traitants au profit d'un fournisseur avec lequel ils ont des liens d'affaires ou personnels. Ces collusions, qui ne sont pas rares dans le secteur minier, créent des situations d'injustice, qui ternissent l'image des sociétés et du secteur.

L'autre source de biais se trouve dans la recherche d'économies d'échelle par les grands groupes internationaux qui, par leurs centrales d'achat, préfèrent négocier des contrats à l'échelle mondiale pour toutes leurs filiales. Cette pratique est fréquente dans les multinationales qui achètent de grands volumes agrégés (pour leurs filiales) qui leur donnent un pouvoir de négociation sur les fournisseurs, leur permettant ainsi de tirer les prix vers le bas. Ces achats aux fournisseurs internationaux de ces multinationales, parfois pour des produits non sophistiqués, font alors perdre d'importantes opportunités aux sociétés locales. Il en est de même de l'envoi en Guinée d'expatriés provenant de sites de la société dans d'autres pays, simplement par confort ou par facilité, la constitution d'une nouvelle équipe requérant plus d'efforts et risques. Une société qui a envoyé en catimini un groupe de chauffeurs d'une de ses filiales dans un pays voisin, simplement pour gagner du temps en évitant le processus de recrutement et/ou de formation, s'est vite ravisée après un rappel à l'ordre du ministère et la grogne au sein de la communauté riveraine. Un programme de formation de chauffeurs mis en œuvre à cet effet s'est avéré, sans surprise, plus bénéfique pour la société et pour la communauté, avec des chauffeurs touchant un salaire local, malgré le coût de cette formation.

Les entreprises minières, tout en conservant les exigences minimales en termes d'hygiène, santé, sécurité, environnement et technique, doivent impérativement avoir une approche objective, mais flexible dans la recherche des compétences domestiques et entreprises locales partenaires. L'engagement réel des sociétés pour la promotion du contenu local doit se traduire par la prise en compte de certaines difficultés rencontrées par les entreprises locales. L'une des principales difficultés des PME porte sur l'accès au financement. Certaines entreprises minières, en relation avec les banques locales, ont réussi à mettre en place un schéma de garantie des financements par les contrats signés avec les sociétés minières. Ne pas exiger au sens strict les capacités financières a priori, tout en ayant la couverture requise du risque, est de nature à ouvrir plus d'opportunités d'affaires aux PME locales. L'opérationnalisation effective du système de crédit-bail devrait également contribuer à faciliter l'accès au financement. Cela n'est toutefois possible que si les banques commerciales acceptent d'appliquer le système de garantie correspondant au schéma classique du crédit-bail. En réalité, les banques tendent à ne pas se contenter de la mise en garantie des équipements couverts par le crédit-bail, contrairement au principe de base de ce mécanisme de financement. Le principe de base du crédit-bail devrait être appliqué, quitte à prévoir dans le schéma un système de sécurisation plus forte des équipements contre le détournement ou le vol. Aussi, un plan de suivi et d'appui en formation des PME, tel que requis dans le Code minier, sans être trop coûteux, peut avoir un impact réel sur leur développement. Ce plan peut être conçu et mis en œuvre en collaboration avec des institutions nationales ou internationales dont certaines contribueraient même au financement dudit plan.

En tout état de cause, les employés des sociétés et les sociétés elles-mêmes doivent comprendre que la seule voie pour une cohabitation durable, paisible et saine avec les populations locales passe forcément par un engagement et des actions sincères et volontaristes dans la promotion du contenu local, afin d'établir une relation équitable avec ces populations et les États concernés.

Parce que toute relation qui n'est pas équitable n'est pas viable.

Dans cette promotion du contenu local, les entrepreneurs locaux et chercheurs d'emplois ont aussi leur partition à jouer. Ils doivent, en plus des efforts d'accompagnement dont ils bénéficient, œuvrer à améliorer leurs compétences afin de s'assurer d'être compétitifs dans les procédures de recrutement et d'attribution des contrats. À l'ère des technologies de l'information, ils ont souvent beaucoup d'informations accessibles qui peuvent améliorer leurs capacités. Certains pourraient noter le coût d'accès à Internet comme un frein à l'autoformation de capacités. Lors d'une conférence avec des étudiants dans une université de la place, j'ai constaté qu'au moins 95 % des étudiants de l'audience avaient Internet sur leurs smartphones, alors qu'ils venaient de me dire que l'État devait les aider à avoir accès à Internet ! Il est vrai que l'État doit jouer son rôle pour un accès conséquent du fait du cout d'accès. Tout est cependant dans l'attitude, qui ne doit pas consister à attendre l'assistance de tiers ou de l'État avant toute action, mais plutôt à utiliser déjà tout ce qu'on a à portée de main, avant de demander toute assistance externe.

Les entreprises locales et les chercheurs d'emplois doivent saisir toutes les opportunités, et même investir, pour être les plus compétitifs. La seule façon d'arriver à conserver cette opportunité et de prospérer est de délivrer au moins les résultats attendus par la société, qui en a besoin pour sa survie dans un environnement dans lequel elle est elle-même confrontée à la concurrence sur le marché. En lieu et place de la recherche de compétitivité, l'option prise par beaucoup de compatriotes d'investir plutôt dans le trafic d'influence que dans la mise à niveau de leurs compétences, personnelles ou d'entreprise, pour accéder aux opportunités. Il s'agit de l'un des véritables freins à la promotion équitable du contenu local.

Il est souvent reproché à l'État de ne pas suffisamment promouvoir le contenu local dans les mines. S'il est bien, pour les entreprises locales, d'avoir des contrats de sous-traitance avec les sociétés minières, il est encore mieux d'être des sociétés minières elles-mêmes. C'est le niveau ultime de promotion du contenu local. À ce propos, une vérification, en novembre 2020, a montré que les Guinéens, en comparaison avec les autres nationalités, sont actionnaires ou disposent du contrôle (plus de 50 %) de la plus grande part des permis miniers (essentiellement de recherche) dans le secteur minier. En effet, les Guinéens sont actionnaires dans 43 % des permis miniers, et majoritaires dans 29 % desdits permis. Plus particulièrement, ils sont actionnaires dans 59 % et majoritaires dans 33 % des permis de bauxite. Dans l'or, les Guinéens sont actionnaires dans 44 % et majoritaires dans 27 % des permis. Ces chiffres démentent donc la croyance de l'implication insuffisante des Guinéens dans les activités minières. Comme le souhaitent les plus nationalistes d'entre nous, le secteur privé guinéen a toutes les opportunités d'avoir le contrôle du développement des projets miniers en Guinée. Pourquoi cela n'est-il pas effectif ? En fait, de nombreux Guinéens actifs dans le secteur se contentent simplement d'avoir leurs dépenses courantes prises en charge par leurs partenaires et, parfois même, de vivre indûment une vie de pacha aux frais de leurs partenaires qui, se rendant compte de la dilapidation des fonds qu'ils apportent au développement du projet, finissent par se retirer du projet qui meurt, de facto. Le Guinéen sans moyens finit par perdre le permis et recommence le cycle plus tard en trouvant un autre partenaire qu'il utilise comme une poule aux œufs d'or. Un éternel recommencement, sans qu'aucun projet ne sorte de terre. J'ai été désagréablement surpris par plusieurs intermédiaires guinéens qui se battaient contre notre décision de faire en sorte que les Guinéens détiennent plus de parts (au moins un tiers) dans les carrières, préférant une maigre commission de quelques milliers de dollars tout au plus pour subvenir à leurs besoins immédiats.

Les rares Guinéens qui réussissent sont ceux qui ont un comportement responsable avec leurs partenaires et/ou qui décident de participer à la prise de risque en investissant une part des fonds pour la recherche. Même parmi ceux-ci, beaucoup se retirent trop vite du projet, avec au mieux une part infime du projet final, en privilégiant la compensation financière immédiate, alors que plus le projet ayant un gisement exploitable est avancé (dans sa phase de recherche ou d'étude de faisabilité), plus il prend de la valeur. Quelques rares Guinéens ont cependant eu l'intelligence, la patience et les moyens de garder une forte part minoritaire ou le contrôle dans les sociétés minières qu'ils ont créées. Ces cas, malheureusement rares, constituent le Graal en termes de contenu local. Des Guinéens y bénéficient des contrats de sous-traitance, d'autres des emplois, et le propriétaire guinéen des dividendes. Dès 2016, nous avons approché les grandes PME locales dans le secteur des BTP, dont le métier est l'antichambre de l'exploitation minière, pour qu'elles s'intéressent au secteur minier. Peu ont répondu à notre appel qui a pourtant été insistant pendant les années qui ont suivi.

Au-delà de ce que peuvent faire l'État, les partenaires techniques et les sociétés minières, le véritable défi des entreprises locales dans leur accès aux marchés est celui de la prise de conscience de la nécessité de se doter des capacités leur permettant de répondre aux exigences des sociétés. Pour cela, une certaine maturité professionnelle, notamment en termes de qualité d'organisation, et une certaine prise de conscience sont nécessaires, dans le cadre d'une approche à moyen et long termes, et pas simplement opportuniste à court terme. Les entreprises, par elles-mêmes et à travers leurs corporations, doivent mieux s'organiser, notamment à travers la mise en place de plateformes d'accès aux formations, la mutualisation des moyens et les approches collectives sur des marchés de grande envergure. Aussi, les entreprises locales, par leur organisation individuelle et collective, par leur vision à moyen et long termes, doivent efficacement saisir les opportunités autour des opérations minières. Les études, réalisées souvent avec l'appui des partenaires techniques et financiers, notamment celle avec la SFI sur les opportunités de sous-traitance et celle sur la stratégie de développement régional de Boké, constituent des sources d'identification d'opportunités qui ne nécessitent pas forcément des moyens financiers extraordinaires.

20

L'impact socioéconomique local du secteur par le FODEL et le FNDL

En plus des opportunités concernant le contenu local, la contribution économique du secteur minier s'étend sur les opportunités de développement de projets communautaires à travers le Fonds de Développement Économique Local (FODEL) et le Fonds National de Développement Local (FNDL).

Le Fonds de Développement Économique Local (FODEL) est abondé par la contribution au développement local, qui représente 0,5 % et 1 % du chiffre d'affaires des sociétés minières, payée directement au niveau des collectivités, conformément aux dispositions de l'article 130 du Code minier. Le FODEL est une contribution reconnue due par les sociétés minières pour compenser l'impact de leur activité et ainsi, assurer l'harmonie entre les collectivités impactées et ces sociétés qui, par cette contribution locale, participent directement au développement socioéconomique de ces collectivités.

Le Fonds National de Développement Local (FNDL), mis en œuvre par l'Agence Nationale de Financement des Collectivités (ANAFIC), est quant à lui une des grandes innovations du Code minier de 2011. Le FNDL vient compléter le FODEL pour éviter l'inégalité du développement local entre les zones minières et celles ne disposant pas de mines en exploitation. Le FNDL porte ainsi sur le prélèvement de 15 % de certaines taxes minières perçues au budget national de développement et transférées par l'État au profit de toutes les collectivités, conformément à l'article 165 du Code minier.

Ces deux dispositifs contribuent à couvrir l'un des défis les plus importants auxquels fait face le secteur minier : la gestion durable des impacts économiques, sociaux et environnementaux. Au-delà des politiques (de responsabilité sociétale et de contenu local), le dispositif opérationnel assurant la marche du secteur vers une exploitation responsable des ressources minérales se met progressivement en place.

Au compte du Fonds de Développement Économique Local (FODEL), plus de 292 milliards de francs guinéens (environ 30 millions de dollars US) ont été mobilisés, au titre de la période de 2015 à 2020, dans les différentes localités minières. Cela a permis d'engager le financement de plus de 1 400 projets de développement local, y compris 1 200 projets d'activités génératrices de revenus pour les jeunes et les femmes, pouvant potentiellement créer plus 25 000 emplois.

En outre, l'affectation effective d'une partie des revenus miniers prévus dans le code par l'État aux collectivités locales, au titre de 2019, dans le cadre du Fonds National de Développement Local (FNDL), a permis le financement des plans annuels d'investissement à hauteur de 463 milliards de francs guinéens, au profit de près de 800 projets, dans l'ensemble des collectivités du pays.

En plus de l'impact des initiatives déjà lancées, il est important de noter que les ressources du FODEL et du FNDL sont annuelles. Au titre du Fonds de Développement Économique Local (FODEL), en cas de maintien de la dynamique actuelle, les localités minières devraient percevoir 125 milliards de francs guinéens (13 millions de dollars US) par an à partir de 2025, puis 200 milliards de francs guinéens (20 millions de dollars US) par an en 2030, tandis que le financement des collectivités à travers l'ANAFIC, au titre du Fonds National de Développement Local (FNDL), devrait atteindre 700 milliards de francs guinéens (70 millions de dollars US) par an en 2025, puis dépasser 1 000 milliards de francs guinéens (100 millions de dollars US) par an en 2030.

Cette régularité et le volume croissant des dotations de ces deux fonds permettront aux collectivités locales de disposer des ressources significatives pour le financement régulier de leurs projets locaux et d'assurer une dynamique irréversible vers leur développement.

J'ai la ferme conviction que la réussite de ces deux initiatives sur la durée contribuera à améliorer significativement la qualité de la gouvernance locale au sein des communautés, qui est actuellement le plus grand défi pour la réalisation de leur impact à court et moyen termes. En effet, l'opportunité permanente de mise en œuvre de projets contribuant à un changement de qualité dans les conditions de vie des populations pourrait attirer de plus en plus de jeunes cadres qualifiés et de hauts cadres expérimentés en fin de carrière vers la gestion locale, créant ainsi une forme d'exode urbain. Cet exode concernera probablement des jeunes à la recherche d'opportunités de projets à réaliser.

Cet espoir ne pourra cependant se transformer rapidement en réalité de développement que si l'évaluation annuelle prévue des initiatives est menée avec rigueur, avec la prise de toutes les sanctions éventuelles découlant des résultats d'audit ou d'évaluation. La réussite est également tributaire de la conformité effective de la mise en œuvre avec les trois principes de base suivants :

- La gestion inclusive, rigoureuse et équitable des fonds au bénéfice exclusif des populations bénéficiaires ;
- L'observation d'une transparence absolue dans la gestion des fonds, en particulier vis-à-vis des populations bénéficiaires ;
- La prise en compte effective des activités d'autonomisation des femmes et des jeunes.

L'autre impact indirect du FODEL et du FNDL devrait être l'amélioration progressive de la qualité des exécutifs locaux. Les conseils communaux indélicats subiront certainement la sanction populaire lors des échéances électorales auxquelles il y aurait plus d'intérêt de la part des populations, compte tenu de la possibilité de mise en œuvre de plans d'actions plus ambitieux et des budgets conséquents et régulièrement alimentés. Avec un intérêt accru de personnalités aguerries à la gestion (publique ou privée), il ne serait pas surprenant de voir de plus en plus de conseils communaux avec un niveau de capacité de gestion largement au-delà du niveau qui prévaut actuellement.

En plus de leurs intérêts dans le choix et le financement des projets, notamment des jeunes et des femmes, les populations sont le principal maillon pour la réussite du Fonds de Développement Économique Local (FODEL) et du Fonds National de Développement Local (FNDL). Pour cela, il faut une forte implication des communautés dans l'élaboration des Plans de Développement Local et des Programmes Annuels d'Investissement, ainsi que dans le contrôle citoyen actif de la gestion des fonds.

21

La transformation locale de la production minière

La problématique de la transformation locale des produits miniers est l'une des principales préoccupations du gouvernement, mais aussi des Guinéens de tous les âges et de tous les milieux. La légitimité de cette préoccupation peut se résumer en un constat simple : tous les pays qui ont réussi à utiliser les mines pour s'industrialiser sont passés par la transformation locale de leur production. Cela permit une transformation structurelle de leur pays à travers notamment l'accroissement de la valeur ajoutée à l'économie, la formation du capital humain et les effets multiplicateurs sur les autres secteurs de l'économie (infrastructures, énergie, etc.). La Guinée ne devrait évidemment pas faire exception à cette règle. La volonté de transformer localement notre production a donc été au cœur de la politique minière du pays depuis son indépendance. On pourrait même dire avant l'indépendance, si on compte les initiatives prises par la puissance colonisatrice dans ce sens. C'est dans ce cadre que l'usine de Friguia est née en 1959, en partenariat avec la société française Pechiney. Première usine d'alumine en terre africaine, ce complexe devait être suivi par d'autres projets de transformation, notamment grâce à la mise en valeur effective du potentiel hydroélectrique du fleuve Konkouré.

Malgré cette volonté affirmée à tous les niveaux, le pays n'a pas aménagé d'autres unités de transformation de sa production minière. Était-ce parce qu'il ne disposait plus de ressources minières pour alimenter durablement de nouvelles unités ? Ou par manque de volonté des dirigeants par la suite ? Ou bien, face à l'inexistence d'un marché pour justifier la construction de nouvelles unités ? La réponse évidente à toutes ces questions est « non ».

Alors, pourquoi n'y a-t-il pas eu de nouvelles usines ?

Répondre à cette question devrait intéresser tout leader socioéconomique ou politique. Malheureusement, le sujet de la transformation, aussi sérieux soit-il, est devenu un sujet populiste dans le débat public, avec une approche qui donne à penser qu'il suffit qu'un gouvernement fasse un vœu pour que la transformation arrive à grands pas. C'est justement pour répondre à cette question qu'une nouvelle politique de développement du secteur minier a été courageusement mise en place au fil des années, pour atteindre cet objectif légitime, et surtout nécessaire pour notre industrialisation.

Pourquoi n'y a-t-il pas eu de nouvelles unités de transformation après Friguia ? Sans vouloir refaire l'histoire depuis les indépendances, on peut tout simplement dire que les conditions n'étaient pas réunies. La première condition est celle de la présence d'un cadre d'investissement permettant à un investisseur d'effectuer un volume d'investissement important (c'est le cas de la transformation) dans un pays comme la Guinée, qui ne dispose par ailleurs pas de suffisamment de production d'énergie, de la main-d'œuvre qualifiée, ni de la production locale d'intrants nécessaires au processus de transformation.

En termes d'échelle, une usine d'alumine, dans un tel environnement, nécessite un investissement qui tourne autour du milliard de dollars. De 1958 à 2010, aucun investissement privé individuel n'atteignait 200 millions de dollars. Interpellé sur ce fait, et malgré une présence relativement longue en Guinée, un investisseur présent dans les années 2000 a répondu que « la Guinée n'est pas un pays où l'on peut investir un milliard de dollars ». Même si je m'accorde le droit de ne pas être d'accord avec cette affirmation et que je me sens même blessé dans ma fierté, comme tout autre Guinéen, cela ne change pas un fait : elle révèle de manière cruelle, mais factuelle, la perception du risque (ou du niveau d'investissement) auquel un investisseur de l'industrie minière était prêt, ou n'était pas prêt, à s'exposer à cette époque en Guinée. L'État, avec ses maigres ressources, ne pouvant constituer un recours pour un tel investissement, il va de soi que cela n'allait tout simplement pas se faire sans un climat des investissements plus propice.

Pour qu'un investisseur mobilise les ressources pour développer un projet commercial, il doit avoir l'assurance que le cadre d'investissement lui permet de tirer des revenus suffisants pour récupérer ses fonds propres investis, rembourser les prêts qu'il a contractés et réaliser le profit attendu, qui est sa principale motivation d'investir. Un projet minier s'étalant généralement sur une longue durée (souvent plusieurs années d'études et plus d'une décennie d'exploitation), le délai d'assurance recherché par l'investisseur est sur le long terme. La qualité des institutions, permettant la survie des accords à un régime et le respect des termes des accords par chaque régime sont donc critiques pour le processus de prise de décision d'investissement. La qualité exceptionnelle des gisements ne suffit pas toujours. Sans compter que l'investisseur est exposé au risque de fluctuations du marché, n'engageant pas l'État.

Dans un environnement des affaires qui ne donne pas de garantie de traitement équitable, de respect des engagements, de non-réalisation d'actes arbitraires, les « investisseurs » qui se présentent sont généralement ceux qui n'ont pas assez de ressources, ni assez de crédibilité pour en mobiliser, et surtout, qui mettent tout en œuvre pour obtenir leur retour sur investissement le plus rapidement possible et par tous les moyens. Par ailleurs, ceci est aussi valable pour les décisions d'investissement relatives à la production sous la forme brute.

Depuis 2011, il y a eu d'abord l'assainissement du cadre légal et règlementaire, avec l'adoption du nouveau Code minier qui, contrairement à certaines affirmations, a permis d'attirer des investissements importants de sources exigeantes. Il y a ensuite eu des réformes dans l'organisation et le fonctionnement de l'État dans le secteur des mines, notamment au niveau de l'efficacité, de la transparence et du respect de la procédure d'approbation des accords (ministères, Conseil des ministres, Assemblée nationale, Cour constitutionnelle). Le système, dans son ensemble, donne désormais nettement plus de confort aux investisseurs que les droits sont acquis dans des conditions normales et que ces dernières seront préservées tant qu'ils honorent leurs obligations. Les réformes réalisées et celles en cours ont apparemment donné suffisamment d'assurance aux investisseurs pour qu'ils considèrent la Guinée comme un pays dans lequel on peut bien investir un milliard de dollars… voire plus ! En effet, plusieurs projets dépassant ce montant d'investissement sont en cours de réalisation ou achevés et en opération. Il s'agit notamment du projet de GAC, de celui de la CBG (dans ses deux phases) et de celui de la SMB.

En plus du niveau d'investissement, l'autre question fondamentale dans la transformation est celle de l'énergie. Si l'énergie produite par le Konkouré devait servir dans le processus de transformation, la réalisation complète des barrages du système Konkouré (Garafiri, Kaleta, Souapiti et Amaria) ne permettrait pas de couvrir tous les besoins de transformation de la Guinée. Tout au plus, permettront-ils de couvrir les besoins de quelques-uns des cinq nouveaux projets de raffinerie d'alumine initiés depuis 2010, en plus des quatre initiés par les précédents régimes. L'accélération de la recherche gazière et la recherche de source compétitive et viable d'approvisionnement en gaz ou d'autres sources d'énergie sont les pistes explorées pour couvrir les besoins de transformation pouvant mener à une industrialisation massive dans le secteur des mines.

À court terme, la question de la source d'énergie thermique nécessaire pour les raffineries reste entière et urgente. L'État doit faire un choix prenant en compte la viabilité économique des projets et l'impact environnemental de la source d'énergie choisie. Le choix est donc fonction de la viabilité des projets en cas de choix du gaz (plus « propre ») ou celle du niveau de pollution en cas de choix éventuel du charbon qui constitue une option envisagée par des sociétés dans les études de faisabilité en cours. Le gaz est-il suffisamment compétitif pour assurer la viabilité économique des projets de raffinerie d'alumine ? Les technologies actuelles permettent-elles de ramener le niveau de pollution du charbon à un niveau acceptable pendant que de nombreux pays abandonnent cette source d'énergie ? Quel serait éventuellement ce niveau acceptable de pollution (normes acceptables) au moment où le pays est engagé dans le combat planétaire contre les changements climatiques ? C'est pour répondre à toutes ces questions que le ministère a recruté une firme spécialisée pour fournir une base objective de décision à l'État qui prendrait en compte les impératifs environnementaux et économiques dans le développement des projets d'usines d'alumine.

L'autre sujet qui fait souvent l'objet de débats est celui de l'exportation du brut sans avoir engagé la transformation. Certains estiment la production brute excessive. En réalité, aucun gouvernement guinéen n'a pris la décision, auparavant, de réduire la production de bauxite, puisque le débat porte généralement sur cette substance. Bien au contraire, les gouvernements qui se sont succédé depuis l'Indépendance ont tous fourni les efforts visant à accroître cette production de bauxite. Malheureusement, les conditions d'une augmentation exponentielle n'étaient pas réunies pendant longtemps, puisque l'exploitation de la bauxite requiert des investissements lourds en infrastructures de transport et d'évacuation qui ont nécessité par le passé une implication et même un financement de l'État. À ce propos, je rappelle que toutes les infrastructures en cours de réalisation sont financées par les investisseurs privés, sans aucun apport ni garantie financière de l'État.

L'objectif naturel d'accroissement de la production a enfin pu se concrétiser en 2015, après plusieurs années de réformes. Le passage de la 7e à la 2e place de producteur mondiale de la bauxite, devant le Brésil et la Chine, derrière l'Australie, en moins de cinq ans, est donc un exploit à apprécier, puisqu'il positionne la Guinée comme un acteur clé du secteur, avec un rapport de force de plus en plus en sa faveur pour la poursuite de son développement minier, y compris pour ce qui concerne la transformation locale. En outre, les ressources que la Guinée tire des exportations lui permettent de poursuivre l'amélioration du cadre d'investissement, notamment en investissant dans les infrastructures, facilitant de facto la réalisation des projets de transformation locale. Cette stratégie permet aussi à l'État de sécuriser des ressources essentielles à la construction des infrastructures de base dans des secteurs essentiels au développement socioéconomique du pays tels que l'éducation, la santé, etc. De même, ces revenus peuvent concourir à la réalisation des routes et autres infrastructures essentielles au développement de secteurs clés tels que l'agriculture.

La poursuite de l'augmentation de la production annuelle de bauxite, tout en n'étant pas incompatible avec sa transformation locale, est donc justifiée et tenable sur le long terme.

D'autres pays, moins dotés, mais plus développés et reconnus pour leurs succès en matière de développement socioéconomique, ont longtemps produit et exporté plus de bauxite que la Guinée. L'Indonésie, qui avait interdit l'exportation de bauxite brute en 2014, est revenue sur cette décision et a relancé ses exportations de plus belle.

Par ailleurs, même en produisant, par exemple, 100 millions de tonnes de bauxite par an, la Guinée pourrait produire de la bauxite de qualité compétitive pendant 400 ans. La production et l'exportation de bauxite brute se justifient, non seulement par la nécessité, pour la Guinée, de financer son développement à court, moyen et long termes, mais aussi par le risque de remplacement de la bauxite par une autre substance pour la production de l'alumine. L'alumine peut, par exemple, être extraite de l'argile. L'opportunité de marché n'est pas permanente. Tout dépend des progrès technologiques et de la possibilité d'une production commerciale de remplacement. La Guinée doit saisir l'opportunité qu'elle a pour financer son développement et créer des emplois et de la richesse, dans le cadre d'une exploitation responsable des ressources minérales et respectueuse de l'environnement.

Les investissements réalisés grâce aux revenus miniers actuels et futurs, auxquels s'ajoute le développement d'infrastructures de transport et énergétiques partagées dans les projets miniers intégrés en cours, constituent la meilleure façon de doter la Guinée de capacités lui permettant d'être moins dépendante des mines au fil des années, dans une économie de plus en plus diversifiée, prospère et inclusive.

Il ne s'agit pas de léguer un potentiel extraordinaire aux générations futures. Il s'agit de leur léguer la prospérité, le développement dans un cadre de bonne gouvernance consistant notamment à mobiliser efficacement les ressources et à les utiliser de façon rationnelle.

La transformation locale présente, de prime abord, plus d'avantages en termes d'emplois, de revenus, d'industrialisation et d'impact environnemental. Cependant, pour pleinement tirer profit de cette transformation locale, il faudra prêter une attention particulière aux mutations qu'elle va entraîner en termes d'apparition de nouveaux emplois, plus sophistiqués, de nouvelles chaînes logistiques et commerciales, de nouveaux défis de gestion de déchets industriels, etc. Les enseignements techniques et supérieurs, l'appui aux PME et plusieurs autres interventions de l'État devront intégrer ces nouveaux enjeux, pour les transformer en véritable opportunité.

Dans le débat sur la transformation locale, il faut examiner avec précaution les attentes selon lesquelles la transformation locale résoudra automatiquement les problèmes de chômage et de revenus pour l'État. Il est indiscutablement mieux de transformer la bauxite pour créer plus de valeur ajoutée locale et des emplois de meilleure qualité. Il faut cependant avoir à l'esprit que les raffineries modernes emploient de moins en moins du fait de l'automatisation de plus en plus avancée de la chaîne de production. Entre 1 500 à 2 000 employés travaillent dans une raffinerie produisant un à deux millions de tonnes, ce qui, en termes d'emplois, reste très en deçà des besoins du pays pour résorber significativement le chômage. En plus, la Guinée ne pourra construire un nombre infini de raffineries. Elle doit s'assurer d'abord que les engagements en cours soient effectivement réalisés (un peu moins d'une dizaine de raffineries) et œuvrer à la délocalisation progressive des raffineries alimentées par la bauxite guinéenne. L'État doit absolument veiller à ce que les engagements relatifs à la construction de raffineries soient respectés et à ce que leur opérationnalisation soit facilitée afin d'encourager plus d'investissements dans la transformation locale. En effet, la délocalisation de raffineries en Guinée, même si elle est financièrement bénéfique pour les sociétés, ne peut se concrétiser efficacement que si le pays crée des conditions compétitives d'accès à la main-d'œuvre qualifiée, aux intrants et à l'énergie. Une approche coercitive (à travers des engagements dans les accords) doit donc se coupler avec une approche incitative, afin d'attirer des investissements supplémentaires dans le cadre de la délocalisation de la transformation de la bauxite en Guinée. Les décisions brusques, ne tenant pas compte des contraintes dans l'investissement, ne produisent pas forcément les effets escomptés. En somme, le basculement vers la transformation doit se faire avec beaucoup de détermination, mais aussi avec les efforts requis dans l'amélioration du cadre d'investissement. Les positions extrêmes, ignorant les conditions d'investissement, ne permettront pas d'atteindre les objectifs visés. Par exemple, un arrêt brusque de l'exportation de la bauxite ne serait pas réaliste. Il remettrait même en cause l'objectif de transformation locale. Les investisseurs dans l'exploitation du brut commencent à avoir une certaine connaissance de l'environnement et une certaine confiance qui leur permettent d'engager les montants importants requis pour l'investissement dans la transformation. Un plafonnement des exportations pour les sociétés minières, ne s'engageant pas dans la transformation, est de facto en place.

Enfin, l'hypothèse que l'État percevrait de facto plus de revenus avec la transformation locale n'est pas toujours vraie. Dans la situation actuelle (notamment en termes de main-d'œuvre, d'accès aux intrants, à l'énergie et aux infrastructures, de coût du fret), tous les investisseurs exigent des concessions fiscales qui réduisent les revenus de l'État au moins pendant les premières années de production. Ces concessions trouvent leur justification dans la nécessité, pour les sociétés privées, d'assumer des investissements en dehors de l'unité de transformation elle-même, nécessitant la compensation de l'alourdissement de l'investissement global en comparaison avec d'autres pays. À part les impôts et taxes faisant l'objet d'exonération (temporaire ou définitive), les dividendes sont l'autre source potentielle de revenus pour l'État. Le faible niveau de participation, prévu, par exemple, dans le Code minier pour une raffinerie (5 ou 7,5 %), pour attirer l'investissement, ne permet pas d'envisager des revenus substantiels au titre des dividendes. De surcroît, pour de si gros investissements privés, les premières années sont déficitaires et donc sans dividendes. Si l'État veut obtenir des revenus substantiels, il faut qu'il investisse lui-même dans la transformation afin d'atteindre des niveaux de participation lui permettant de générer des dividendes conséquents qui s'ajouteront aux impôts et taxes après les années d'exonération. Cette pratique d'investissement des ressources publiques dans de grands projets commerciaux est contraire à la politique économique libérale engagée par l'État depuis 1985. Elle peut toutefois se justifier dans quelques cas par une nécessité stratégique et s'exécuter à travers des structures commerciales de l'État sans toucher au budget national de développement qui se focalise sur l'investissement non commercial. La production actuelle du brut crée la possibilité, pour l'État, d'accéder aux ressources financières lui permettant de réaliser un tel investissement. Une des options est celle d'un investissement en partenariat public-privé, soit directement avec des partenaires privés, soit à travers un partenariat commercial avec ces derniers, pour transformer leur production et/ou alimenter leur usine d'aluminium. Conscients des opportunités et contraintes relatives à la transformation locale de la bauxite, nous avons engagé, en 2018, la relance de l'étude pour la construction d'une raffinerie avec la CBG. Ce projet est actuellement, à mon avis, l'un des meilleurs projets de raffinerie pour l'État guinéen. D'une part, parce qu'en détenant 49 % des parts de la CBG, l'État aura accès à une part substantielle des dividendes générés par la raffinerie, contrairement à d'autres projets ; d'autre part, parce que la CBG étant déjà gérée par des employés guinéens, le transfert de technologie aux nationaux se ferait automatiquement, sans avoir besoin d'un dispositif nouveau pouvant nécessiter des efforts additionnels des différentes parties.

Par ailleurs, l'État pourra, dans ce cas, exercer l'option stratégique de traiter, dans une raffinerie qu'il initierait, seul ou plus probablement en partenariat, les productions d'autres sociétés, bénéficiant et faisant bénéficier les actionnaires privés des économies d'échelle que cela peut générer. Le gros défi demeure le financement d'une telle raffinerie, mais avec des revenus annuels pouvant atteindre un milliard de dollars dans les 5-7 prochaines années, l'État aura certainement un levier financier lui permettant de participer directement ou indirectement au financement ou à la facilitation du financement d'investissements importants.

En tout état de cause, la transformation locale requiert une qualité de gouvernance, des capacités, des investissements et une expérience que la phase actuelle d'exportation des produits bruts peut apporter à la Guinée. À condition qu'elle soit mise à profit avec rigueur, responsabilité et détermination.

L'État guinéen dispose aujourd'hui de meilleures capacités grâce aux formations et aux expériences de terrain, les réformes ont permis d'attirer et de mettre en œuvre d'importants investissements, la connaissance du marché mondiale s'améliore d'année en année, les projets de raffinerie (dont 4 ont fini leur étude de faisabilité) font l'objet d'un suivi plus assidu, la capacité de production énergétique du pays s'améliore significativement, des écoles d'enseignement technique sont en cours d'opérationnalisation. Tous ces progrès, qui doivent être poursuivis, préparent graduellement mais sûrement à la concrétisation de la phase de transformation locale qui, au-delà de la bauxite, porte aussi sur d'autres substances telles que l'or et le fer.

Enfin, l'investissement dans la bauxite a créé de meilleures conditions d'investissement dans la transformation en alumine dans un proche avenir. Au-delà de l'investissement proprement dit, il y a l'importance géostratégique pour la Guinée d'être désormais un acteur majeur sur le marché de la bauxite pour accélérer le développement des projets d'alumine. La voix de la Guinée compte aujourd'hui sur le marché et elle peut mieux se faire entendre auprès des investisseurs et du marché en général pour le passage à la transformation. L'augmentation substantielle récente du coût du fret maritime et la sophistication progressive de l'économie chinoise sont aussi de nature à favoriser l'implantation des nouvelles usines d'alumine en Guinée. Les perspectives sont donc favorables à condition que la dynamique d'amélioration du cadre d'investissement et de suivi rigoureux des projets se poursuive assidûment.

22

Des perspectives très prometteuses du secteur si…

À quoi devrait ressembler le secteur minier guinéen dans cinq ans, dans dix ans ? Répondre à cette question avec une certitude absolue reviendrait à pouvoir lire dans une boule de cristal. Cependant, sur la base des réformes déjà réalisées, des paramètres des projets en cours, nous pouvons prendre le risque de tenter des projections raisonnables.

Les conditions sine qua non de l'atteinte des objectifs visés dans ces projections sont la stabilité et la paix dans le pays, la poursuite de l'agenda d'amélioration de la gouvernance dans le secteur ainsi que le maintien global des perspectives du marché mondial. La réalisation de ces conditions permettrait à la Guinée de poursuivre la dynamique de développement du secteur vers l'atteinte des objectifs des projets en cours de développement. Sur cette base, nous pouvons donc raisonnablement estimer que le secteur connaîtra les développements suivants dans la prochaine décennie :

- La réalisation effective d'ici 2030 des engagements d'investissements acquis entre 2010 et 2020, à hauteur d'au moins 25 milliards de dollars US ;
- Des avancées notables vers la diversification de sa production minière. En plus de la bauxite, l'or, le diamant et l'alumine actuellement en production, le pays devrait commencer avant 2025 la production commerciale du fer

et du graphite, et celle des métaux lourds, notamment le zircon et l'ilménite, utilisés dans diverses industries, dont l'aéronautique ;

- Le nombre de sociétés en production devrait passer de 16 à plus de 20 en 2025, puis à plus de 25 en 2030, en comparaison avec seulement 6 sociétés en production en 2010 ;
- La production de bauxite devrait passer de 70 millions de tonnes en 2019 à plus de 100 millions de tonnes d'ici 2025. Celle de l'alumine devrait passer d'une capacité de 600 000 à 1,6 million de tonnes en 2025, puis à plus de 4,5 millions de tonnes en 2030, avec le lancement de la production d'au moins trois nouvelles raffineries ;
- La production industrielle et semi-industrielle d'or devrait passer de 13 tonnes en 2019 à plus de 18 tonnes en 2025, avec le lancement de trois nouvelles exploitations ;
- La production de fer devrait dépasser 50 millions de tonnes en 2030, avec le lancement d'au moins deux nouvelles productions ;
- Les revenus miniers devraient passer de 435 millions de dollars US en 2018 à un niveau stable à plus de 600 millions de dollars US en 2025, puis à au moins un milliard de dollars US en 2030 ;
- Les emplois directs et indirects créés dans le secteur devraient passer de 50 000 à 100 000 en 2025, puis à 150 000 en 2030 ;
- Le financement des collectivités à travers l'ANAFIC, au titre du Fonds National de Développement Local (FNDL), devrait atteindre 700 milliards de francs guinéens par an en 2025, puis dépasser 1 000 milliards de francs guinéens par an en 2030 ;
- Au titre du Fonds de Développement Économique Local (FODEL), les localités minières devraient percevoir

125 milliards de francs guinéens par an à partir de 2025, puis 200 milliards de francs guinéens par an en 2030.

Ce tableau est beau. Il est même idyllique. Il reste réalisable, à condition que la Guinée connaisse une bonne période de paix et de stabilité, que la gouvernance du secteur continue de s'améliorer, avec une meilleure collecte et une meilleure utilisation des revenus en général et des revenus miniers en particulier.

En termes de gouvernance dans le secteur, la fondation qu'est le cadre légal est rénovée. La finalisation des derniers textes d'application devrait parachever la réforme du cadre règlementaire. Des réformes essentielles ont été achevées. La vingtaine de conventions minières signées donnent un bon ensemble de projets qui garantissent un développement exponentiel du secteur pendant au moins une décennie. Cependant, il y a un besoin de consolidation de ces réformes, et d'achèvement de quelques initiatives, notamment celle relative aux questions d'impact économique, social et environnemental, ainsi qu'au suivi et au contrôle des activités minières. Tout cela ne permettra de maintenir la dynamique que si les capacités du personnel sont significativement renforcées dans le cadre du plan de formation élaboré, notamment dans la perspective du renouvellement naturel du personnel d'encadrement vieillissant. Le défi le plus important, pour la gouvernance, est la mise en place d'un dispositif et de ressources nécessaires pour un suivi et un contrôle effectif et permanent de mise en œuvre des projets conformément au Code minier et aux conventions dans un cadre dépourvu de corruption. Cet enjeu a d'autant plus d'importance que les conditions de partenariat créées dans le secteur, les nouveaux projets initiés, pourraient permettre l'atteinte des objectifs essentiels de développement du secteur, à la condition que toutes les parties prenantes, en particulier l'État et les investisseurs, respectent effectivement leurs engagements. Aussi, faut-il espérer que le marché mondial ainsi que les économies des pays partenaires dans le financement et dans la commercialisation de la production ne connaissent pas de crises ayant un effet sur le développement des projets et sur les opérations en Guinée. Il faudrait notamment espérer et travailler à ce que la pandémie de Covid-19 ne soit pas une de ces crises majeures dans ses effets en décalage à moyen et long termes. L'évolution du marché mondial et les impacts des pandémies sont essentiellement hors de contrôle de l'État. Contrairement à la qualité des politiques publiques adoptées par ce dernier et l'efficacité de leur mise en œuvre, nécessaires pour maximiser les impacts positifs du secteur.

La politique de financement des collectivités locales par les revenus miniers est une des clés de réussite dans l'amplification des bénéfices de l'exploitation minière sur la durée. L'affectation à ces collectivités d'une part des revenus miniers est un pas important vers l'objectif d'amélioration de la contribution des mines au développement de la Guinée. La mise en place du FNDL qui est abondé par ces ressources et du FODEL constitue un tournant majeur dans cette démarche. La dernière décennie a été celle des réformes et de lancement effectif de la dynamique d'investissement dans le secteur minier. Cette forte dynamique d'investissement va progressivement se ralentir au fur et à mesure que le pays passe à la mise en exploitation de ces ressources et à leur transformation. Pendant ce temps, le FNDL et le FODEL connaitront une montée en puissance grâce aux revenus tirés des exploitations. Au rythme actuel, ces fonds pourraient atteindre, voire dépasser, 1 200 milliards de FG (environ 120 millions de dollars US) par an en 2030. L'importance et la régularité et de ces financements devraient complètement changer la territorialité du développement dans le pays. Longtemps concentrés dans les grands centres urbains, en particulier dans la capitale, les efforts de développement concernent désormais l'ensemble du pays. Ils devraient croître au fur et à mesure. Ils compenseront les bénéfices tirés uniquement du processus d'investissement qui finira par se stabiliser après que l'essentiel des investissements a été réalisé.

La synergie entre les mines et d'autres secteurs critiques pour son développement est l'autre volet fondamental des politiques publiques qui sera déterminant pour l'avenir du secteur minier. La qualité de la synergie avec le secteur de l'énergie occupe une place de choix dans cet agenda. L'industrie minière a un besoin significatif d'énergie, en particulier pour la transformation locale. La solvabilité de l'industrie minière est en soi un levier de facilitation des investissements dans le secteur de l'énergie. Cette complémentarité évidente des deux secteurs crée les conditions d'une synergie permettant d'utiliser les mines pour faciliter le financement des projets énergétiques dont une partie servirait à faciliter la transformation locale. En termes d'approvisionnement le gaz et les énergies renouvelables sont des cibles naturelles dans une logique de limitation des impacts environnementaux de la transformation des produits miniers. Outre le développement des partenariats pour rendre disponible le gaz de manière fiable à des prix compétitifs, une recherche gazière fructueuse permettra de booster la transformation locale.

Les partenariats doivent se nouer en Guinée mais aussi au niveau international. La poursuite de la coopération internationale sera donc un atout. Les projets énergétiques régionaux ont connu des avancées notables ces dernières années, notamment dans le cadre des organisations de la mise en valeur du fleuve Gambie (OMVG) et du fleuve Sénégal (OMVS) et de la CEDEAO. Il s'agit en particulier des projets de construction de barrages et d'interconnexion entre les pays de la région. Un de ces projets est la boucle de l'OMVG (ligne de transmission de 225 kV) qui couvre 1 677 km pour l'interconnexion des réseaux électriques nationaux de la Gambie, de la Guinée, de la Guinée-Bissau, du Sénégal. À cela s'ajoute le projet d'interconnexion CLSG (ligne de 225 kV), 1 349 km, qui est réalisé dans le cadre du WAPP (West African Power Pool, initiative de la CEDEAO). Ce projet, bénéficiant du financement de la Banque mondiale, de la Banque Européenne d'Investissement, de KfW et de la Banque Africaine de Développement, doit interconnecter la Côte d'Ivoire, le Liberia, la Sierra Leone et la Guinée. Dans le domaine de la production, la réalisation des barrages de Sambagalou (128 MW, OMVG) et de Koukoutamba (296 MW, OMVS) s'inscrit aussi dans le cadre de cette coopération sous-régionale prometteuse. La mise en service de ces projets permettrait à l'industrie minière guinéenne de profiter des excédents des autres pays de la sous-région en plus de la production nationale. Avec un réseau national complet de lignes de transmission, toutes les zones minières pourront être servies.

Dans le cas de l'absence de perspective de découverte du gaz en Guinée à moyen terme, l'autre piste de coopération sous-régionale pourrait être l'approvisionnement en gaz du Sénégal proche de la région nord-ouest (pour la transformation de la bauxite) et de la Côte d'Ivoire proche de la région sud-est (pour la transformation du fer). Il peut, dans ce cas, être envisagé une évaluation de la faisabilité de la construction de gazoducs entre la Guinée et ces deux pays dans le cadre d'un partenariat mutuellement avantageux.

Les opportunités vont au-delà de la région ouest-africaine, et concernent aussi l'interconnexion énergétique globale allant au-delà de l'Afrique. La Guinée est au cœur des initiatives prises au niveau continental et engage des efforts pour la concrétisation de la coopération africaine et mondiale. La création en mars 2016 de l'Organisation pour le Développement et la Coopération pour l'Interconnexion Énergétique Globale (GEIDCO) est une de ces initiatives. Cette initiative se fonde notamment sur l'hypothèse de production de l'aluminium et de l'acier en Guinée. Les besoins de ces industries pourraient contribuer à justifier la construction de lignes de haute tension (atteignant 1 000 kV) entre la République démocratique du Congo et la Guinée, et l'utilisation de 8 gigawatts de capacité du complexe hydroélectrique du grand Inga à un prix compétitif.

La coopération dans le domaine de l'énergie pour la transformation pourrait aussi être complétée ou favorisée par des prises de participation inter-États. Cela permettrait à la Guinée de bien se positionner et de tirer profit de la Zone de libre-échange continentale africaine (ZLECA) dont l'accord est entré en vigueur le 30 mai 2019.

L'autre domaine important de synergie qui mérite toute l'attention est celui entre les mines et l'agriculture. Les sociétés minières s'engagent de plus en plus dans l'investissement dans le domaine agricole dans le cadre de leurs actions de Responsabilité Sociétale des Entreprises (RSE). Ces actions sont complétées par le financement d'activités agricoles dans le cadre de la mise en œuvre du FNDL et du FODEL par les collectivités, notamment en ce qui concerne les activités génératrices de revenus des jeunes et des femmes. À une plus grande échelle, la prise en compte croissante d'investissements agricoles couplés avec les investissements miniers constitue une avancée notable dans la contribution du secteur minier au développement du grand vivier d'emplois qu'est l'agriculture. Cela permet de compenser la relative faible intensité de main-d'œuvre dans l'activité minière industrielle. L'exemple typique d'un tel arrangement est celui du projet des blocs 1 et 2 de Simandou dans lequel les investisseurs s'engagent à créer un corridor agricole le long du *Transguinéen* pour un investissement à hauteur de 150 millions de dollars US. Cet engagement s'ajoute à un engagement similaire pris sur le corridor du chemin de fer Boffa-Boké en cours de construction. Le caractère multiusage des infrastructures permettra d'accommoder les besoins de transport de cette future production agricole ainsi que son exportation, donnant encore plus d'impact de l'investissement initié pour les besoins d'exploitation des mines.

La synergie entre les mines et l'énergie, celle entre les mines et l'agriculture, et la mutualisation effective infrastructures de transport et d'évacuation constitueront des leviers puissants de la diversification économique et d'amplification des impacts au profit d'une large part de Guinéens. Cette diversification qui sera possible grâce à ces externalités positives des mines au niveau national, mais aussi grâce à la coopération avec les pays de la région et au-delà.

Entre 1958 et 2010, l'ensemble des investissements réalisés dans le secteur des mines était en deçà de 5 milliards de dollars. De 2011 à 2020, un investissement total de 6,4 milliards a été effectivement réalisé dans le secteur sur un engagement total de plus de 25 milliards prévus sur les projets en cours. Cela démontre le bond réalisé par la Guinée sur la dernière décennie. Mais avec seulement 25,6 % des engagements d'investissement effectivement réalisés, nous sommes encore loin du compte. Il faut donc se garder de tout triomphalisme et observer une stricte vigilance au cours de la décennie 2021-2030. Le chemin est encore long. Les progrès sont encore fragiles. Le pays est en pleine phase d'investissement dans le secteur minier pour une bonne décennie. Ce n'est qu'en s'assurant de la réalisation effective des projets planifiés que le secteur peut se donner une chance de pleinement jouer son rôle dans la transformation de l'économie nationale. Toute perturbation majeure au niveau national ou international peut avoir un effet destructeur sur les acquis si le secteur n'a pas atteint un point critique de résilience lui évitant le retour à la case départ. Cette résilience s'acquiert dans la consolidation des acquis de la gouvernance, et dans la diversification et la transformation de la production.

La période de 2010-2015 aura été celle du lancement des réformes. 2015-2020 aura été celle de l'entame de la phase d'investissements intensifs. La prochaine décennie devrait être d'abord celle de l'intensification des investissements et des impacts positifs (2021-2025), puis celle de la pleine transformation. Ce n'est qu'en atteignant ces objectifs que le pays atteindra le point de non-retour. Tous les regards et les efforts doivent être tournés vers l'atteinte de ce point de non-retour qui constituera un autre tournant pour la Guinée : celui de l'achèvement de la fondation pour « l'après-mines » impliquant par la suite de moins en moins de dépendance des mines dans une prospérité sans cesse croissante.

Conclusion

Le ministère des Mines et de la Géologie est l'un des ministères économiques prioritaires en Guinée. Il est aussi, avec les ministères de l'Administration du territoire, de la Décentralisation, de la Défense et de la Sécurité, l'un des secteurs ayant la plus large couverture active du territoire. Le pays, que certains se refusent de qualifier de « minier », repose largement sur les mines pour la diversification de son économie et son développement.

La nomination d'un jeune de 39 ans, sans expérience ministérielle, à la tête d'un des plus importants départements a surpris plus d'un. Depuis, cinq ans ont vite passé, et de l'eau a coulé sous les ponts. Cette relative longévité à la tête du ministère (cinq ans huit mois) trouve naturellement sa première explication dans la confiance, le soutien et l'esprit de compréhension du chef de l'État à mon égard. Je lui en serai toujours reconnaissant.

Une explication de la longévité se trouve aussi dans l'état d'esprit et l'attitude que j'ai adoptés dès ma nomination. J'ai veillé à ne pas être habité par la fonction dès après ma nomination. Dès le lendemain matin, j'ai commencé à me préparer psychologiquement au jour de mon départ inéluctable du poste de ministre. J'ai essayé, en tout temps, de garder les pieds sur terre, faire preuve d'humilité vu l'honneur que j'ai de servir dans cette fonction. Je me suis astreint à ne rien faire que je ne pouvais pas faire si je n'étais pas ministre, à l'exception de quelques nécessaires mesures liées à l'exercice même de la fonction. Je me suis assuré que chaque jour, chaque heure, je donne le meilleur de moi-même pour servir le pays et poser des actes affectant positivement la vie de mes compatriotes. Comme si ça peut finir à tout moment. Chaque jour, chaque heure, j'ai été habité par le fait de ne pas décevoir les attentes du chef de l'État par rapport à la mission assignée au ministère ; celles des jeunes Guinéens qui méritent de croire en leur pays et pour lesquels je devais contribuer à rendre normale la nomination de ministres trentenaires ; et surtout celles des populations en général, qui sont légitimement impatientes de voir plus de retombées du secteur dans leur quotidien.

J'ai aussi choisi de servir chaque instant dans la dignité, avec dévouement, avec loyauté à la mission qui m'incombait. Les seuls combats que j'ai menés, en dehors de servir, étaient ceux destinés à défendre ma dignité et ma réputation, parce que j'ai toujours estimé — et c'est le cas encore et pour toujours — que mon meilleur capital était ma réputation et mes relations.

Prendre de la distance par rapport aux ors et au prestige de la fonction, ainsi que des contraintes quotidiennes, m'a permis d'avancer plus sereinement. Il y avait pourtant de quoi faire entre menaces, intimidations, trafics d'influence, actions frauduleuses de certains acteurs indélicats, coups bas permanents des chasseurs de postes ou de leurs parrains, en passant par les difficultés techniques et administratives propres aux projets miniers. Des difficultés qui, à ma grande surprise, n'étaient pas à la hauteur de toute la pression sociale, avec ses implications en termes de pression financière, autour d'un ministre des Mines, que chacun estime en capacité de résoudre tous ses problèmes, même ceux au-delà des ressources et des pouvoirs du ministre.

Le secteur minier a longtemps été l'objet de gros titres pour les scandales et autres polémiques autour du secteur. J'ai décidé de me battre pendant presque six ans pour ramener le débat sur le secteur à l'essentiel : le développement minier. Pour y parvenir, il fallait se concentrer sur le travail, dire peu et faire plus, et ne faire aucune concession sur les intérêts fondamentaux de la Guinée. Et aussi, se tenir loin de certaines mondanités et frasques. Une forme de jeu d'équilibriste à être discret dans un poste aussi exposé, en choisissant soigneusement les sorties médiatiques, en n'étant vu que là où l'on doit être vu, en ne communiquant que sur la substance des actions, sur les résultats.

Il fallait défendre et protéger l'investissement (à ne pas confondre avec l'investisseur) réalisé dans le respect des textes, pour le bien de tous, au risque parfois d'être incompris. Des obstacles, il y en avait. Des obstacles que nous n'avons pu franchir qu'en établissant des partenariats solides avec les collaborateurs du ministère, les autres collègues du gouvernement, les investisseurs, les autorités locales, les partenaires techniques et financiers, les élus locaux, l'Assemblée nationale, etc. Nous avons en cinq ans fait adopter à l'Assemblée nationale une bonne vingtaine de conventions dont aucune n'a eu de vote contre (au pire, nous avions une ou deux abstentions), notamment grâce à une forte implication de la commission en charge des mines, et à la mise en avant par les députés de tous bords des intérêts du pays et des localités concernées.

Malgré les progrès significatifs réalisés, tout n'a pas été parfait et parachevé, ni même entamé dans certains cas. Tout n'a pas pu être fait non seulement parce que le chantier était vaste, mais aussi parce que chaque période a ses priorités, ses contingences, et ses contraintes. Il s'agit, tenant compte de ces contraintes, de tirer le meilleur profit de la situation pour la Guinée, en prenant parfois des risques pour obtenir plus pour le pays, avec conviction. Les négociations, les choix stratégiques, la posture dans la gestion des conflits ont obéi à cette règle. Ce que nous pouvons faire aujourd'hui, nous ne pouvions peut-être pas le faire quand nous n'avions pas une position forte sur le marché des produits bruts. Ce que nous pourrons faire demain, en position de maturité, nous ne pouvons pas le faire aujourd'hui. Cela peut être vrai pour la transformation, pour les revenus, pour le contenu local, etc.

Ce que nous avons accompli doit être consolidé et, bien sûr, amélioré pour maintenir le cap. Pour cela, il faut certainement que nos successeurs, comme le dit le dicton populaire, *ne jettent pas le bébé avec l'eau du bain.* Comme nous avons veillé nous-mêmes à ne pas commettre cette faute endémique en Guinée. Pour y arriver, il faudra certainement approfondir les réformes internes engagées, en y mettant les ressources nécessaires, renforcer la culture du mérite, de la redevabilité et de la transparence, ainsi que la solidarité gouvernementale autour des projets miniers.

Tout a été fait au cours des dernières années pour que le secteur minier décolle. Il n'y a pas eu de hasard et il n'y en aura pas. Il n'y a pas eu de chance et il n'y en aura pas. Les résultats aujourd'hui et les perspectives encourageantes sont le fruit d'efforts inlassables des acteurs, même si beaucoup, peut-être par impatience, ne réalisent pas encore les progrès réalisés dans le secteur minier guinéen.

Le développement est un long processus. Cela se révèle encore plus vrai pour le développement du secteur minier. Il faut de l'engagement et de la rigueur pour y parvenir. Il faut de la persévérance, malgré l'impatience. Il faut de la passion, en permanence. Parce que l'ennui est le pire ennemi de la persévérance, et la persévérance le meilleur allié de la réussite. Après cinq ans d'engagement avec passion, de persévérance pour la réussite, j'ai apporté ma modeste contribution au développement du secteur. Malgré des pesanteurs et défis, j'ai tenu à contribuer à poser des bases fortes d'un développement irréversible des mines guinéennes. J'ai mis à profit chaque minute passée à la tête du ministère à prendre plaisir à apporter cette contribution à l'édifice en construction. J'ai fait de mon mieux et obtenu quelques résultats. En tant que citoyen aspirant toujours à plus, à mieux pour son pays. Ce fut une école. Ce fut dense. Ce fut difficile, par moments. Ce fut, à coup sûr, imparfait, comme toute œuvre humaine. Mais que ce fut riche et exaltant… Et vive demain !

Structures éditoriales du groupe L'Harmattan

L'Harmattan Italie
Via degli Artisti, 15
10124 Torino
harmattan.italia@gmail.com

L'Harmattan Hongrie
Kossuth l. u. 14-16.
1053 Budapest
harmattan@harmattan.hu

L'Harmattan Sénégal
10 VDN en face Mermoz
BP 45034 Dakar-Fann
senharmattan@gmail.com

L'Harmattan Cameroun
TSINGA/FECAFOOT
BP 11486 Yaoundé
inkoukam@gmail.com

L'Harmattan Burkina Faso
Achille Somé – tengnule@hotmail.fr

L'Harmattan Guinée
Almamya, rue KA 028 OKB Agency
BP 3470 Conakry
harmattanguinee@yahoo.fr

L'Harmattan RDC
185, avenue Nyangwe
Commune de Lingwala – Kinshasa
matangilamusadila@yahoo.fr

L'Harmattan Congo
67, boulevard Denis-Sassou-N'Guesso
BP 2874 Brazzaville
harmattan.congo@yahoo.fr

L'Harmattan Mali
Sirakoro-Meguetana V31
Bamako
syllaka@yahoo.fr

L'Harmattan Togo
Djidjole – Lomé
Maison Amela
face EPP BATOME
ddamela@aol.com

L'Harmattan Côte d'Ivoire
Résidence Karl – Cité des Arts
Abidjan-Cocody
03 BP 1588 Abidjan
espace_harmattan.ci@hotmail.fr

L'Harmattan Algérie
22, rue Moulay-Mohamed
31000 Oran
info2@harmattan-algerie.com

L'Harmattan Maroc
5, rue Ferrane-Kouicha, Talaâ-Elkbira
Chrableyine, Fès-Médine
30000 Fès
harmattan.maroc@gmail.com

Nos librairies en France

www.ingramcontent.com/pod-product-compliance
Lightning Source LLC
LaVergne TN
LVHW050654051026
849532LV00002B/644